駒澤大学陸上競技部から
世界へ羽ばたく

# 必ずできる、もっとできる。

自分を変え、選手を変え、組織を変える

駒澤大学陸上競技部監督
大八木弘明

青春出版社

# はじめに

陸上競技の指導者になりたいと初めて思ったのは中学生のときのことだ。

ジュニアオリンピック陸上競技大会3000mで5位に入り、自分は勉強で一生懸命頑張るよりも、走る道を選んだほうが周りを喜ばすことができるし、人の役に立つのではないかと感じたからだ。大学で箱根駅伝を走ることがその当時の一番の目標で、選手としてやれるところまで頑張ったら、その後は高校の体育の先生になろうと考えた。そして当時、ラジオで聞いていた全国高校駅伝で、自分の母校を優勝させられたらどんなに素晴らしいだろうと思ったものだ。

しかし、予定通りの人生とはならなかった。進んだ高校では1年生の夏に練習をしすぎたことで右脚大腿骨の疲労骨折に見舞われ、全治半年と言われたが実際には走れるまでに1年かかってしまった。ようやく走れるようになったかと思えば、今度は貧血に見舞われ、試合で結果を残すどころか、練習すら満足にできなかった。中学時代の走りを取り戻すことができず、散々な高校生活になってしまった。

家の事情で大学への進学も叶わず、それでも走ることを諦められずに、顧問の先生にお願いし、実業団の小森印刷（現・小森コーポレーション）を紹介してもらい、そこで競技を続けることになった。すると、働きながら走っているうちに貧血も治り、成績はどんどん上がっていった。2年目、3年目には全日本実業団駅伝で、当時、日本のトップランナーだった〝宗《そう》兄弟〟の猛《たけし》氏と同じ区間を走れるまでになった。

そうなると再度、大学に進みたいという想いがフツフツと湧いてきたため、24歳で駒澤大学の夜間部に進学を決めた。会社に勤めながらの通学は難しかったため、小森印刷を退職し、昼は川崎市役所で働き、夜は大学で学び、その合間に練習するという生活を送った。この間、箱根駅伝は3回走り、2区と5区で区間賞を1回ずつ取ることができた。年齢制限で3回しか走ることができなかったが、自分としては満足できる結果だった。

卒業後はヤクルトに進み、4年ほど競技を続けた後、指導者になり、そして1995年に縁あって駒澤大学のコーチとなったのである。ステージは違うものの、実業団、そして大学で指導者になるという、走り始めた当時の夢を叶えることができた。

ただ、そこまでの道のりは決して平坦ではなかったのはおわかりいただけるだろう。特に学生生活は早朝から深夜まで分刻みで計画を立てて行動しており、大変な時期だった。

私は、いったんやると自分で決めたら、もうとことんやってしまうところがあり、辛抱強さも備えていた。これは今も座右の銘としているものではあるが、〝信念とは持つものではなく、貫くもの〟だと思っている。これまでの人生、どんなにつらくても苦しくても、「まだまだ諦めんぞ」という強い気持ちで、信念を貫き通すつもりでやってきた。それもあり、駒澤大学ではコーチとして、そして監督として箱根駅伝で優勝8回を果たすことができた。

しかし信念を貫き通すにしても頑固であってはいけないし、その信念自体が弱くなってしまうこともある。

2008年から13年間、箱根駅伝で勝つことができなかった。〝常勝軍団〟と言われたチームは栄冠から遠のき、私自身の熱意も一時的に失われてしまった。だが幸いなことにその事実に向き合い、周りの支えもあって、再度、熱意を取り戻すと同時に、私自身が時代に合わせながら少しずつ指導を変えていくことができた。年齢を重ね、実績を積み上げていくと、人は自分のやり方に固執してしまう、という話をよく聞くが、私自身もそうなってしまっていたと、今、振り返って思う。

本書は箱根駅伝で勝てなかった13年間とその後に何があったか。そして私自身がどのように変わっていったのか。そこで気づいたこと、感じたことを記したものである。人はいくつになっても変われるし、成長していかなければならないものだと思っている。

栄光からいったん遠のいたものの、試行錯誤を重ねた末、2021年、箱根駅伝でまた優勝することができた。そして、2023年も箱根駅伝で優勝、前年の出雲駅伝、全日本大学駅伝と合わせ、史上5校目の大学駅伝3冠を達成することができた。

私は2023年3月をもって監督を退き、その後は総監督になるつもりでいる。まだまだ指導者として完成しているとは思っておらず、発展途上だが、現時点の私の考えをここまでの軌跡として書き残しておきたい。

ある程度、年齢を重ね、実績も残している組織のリーダーや企業の管理職のなかにも、以前の私のように、「時代の変化に対応しなければならない」、「でも自分をなかなか変えられない」と感じていらっしゃる方もいるのではないかと思う。そんな方たちの心に何かを残せれば幸いである。

駒澤大学陸上競技部監督　大八木弘明

# 必ずできる、もっとできる。［目次］

## 第二章 監督自身が変わる……041



## 第三章 指導を変えていく……079

第四章

## 人作り・組織作り……113

第五章 指導者の務めとは……153



協力　駒澤大学陸上競技部
編集協力　加藤康博
写真　水上俊介
本文デザイン　松田行正＋杉本聖士
DTP　キャップス

# 第一章
# 栄光から遠のく

## 〝常勝軍団〟で芽生えたおごり

2008年の箱根駅伝で勝った後、2021年に再度の優勝を手にするまで実に13年かかった。そこまでの間、**なぜ勝てなかったのかを改めて考え直してみたとき、まず「心におごりが生まれたから」という理由が思い浮かぶ**。

私は1995年に駒澤大学陸上競技部のコーチとして着任した。その前年度、駒澤大学は箱根駅伝予選会を通過し、29年連続で本大会に出場したものの、通過校のなかで最も低い順位だった。「来年、駒澤は予選で落ちるだろう」と周囲から言われるなか、大学関係者に立て直しを依頼されてのスタートだった。

当時、寮生活は乱れ、練習もおろそかになっていたが、私は選手に真正面から向き合い、少しずつ強化を進めてきた。目指したのは競技者として意識が高い集団だ。朝練習の集合時間や、寮の門限を定めるなどルールを明確に定め、それを選手に守るように求めた。もちろん勉強をおろそかにすることは許さない。そして練習は常に私が指導し、すべての面で厳しく接した。

今思えば本当に泥臭くやってきたと思う。高校時代に全国大会で活躍してきたエリート選手などがいなかったこともあり、ひたすら練習に励んで強くなるしかないと考え、地道に長い距離を走り込んだ。スマートさとは無縁で、コツコツと走り続け、スタミナをつける。言うなれば雑草集団である。駅伝はチームスポーツ。飛び抜けたエースはいなくても、メンバー全員が粘り強く、区間上位で走れば、結果はついてくるはずと信じた。そしてケガで走れない選手が出ても、**代わりとなる選手が同じくらいのレベルで走れるように、選手層の厚い「金太郎飴」のようなチームを目指した。**

それを徹底したことで私のコーチ就任後も箱根駅伝への出場を続けられただけでなく、少しずつ順位を上げていき、2000年大会では初優勝を果たした。そして2002年からは4連覇を成し遂げている。

それとほぼ同時期に、現在、駒澤大学でヘッドコーチを務める藤田敦史《ふじたあつし》がマラソンで学生記録を更新した。藤田は卒業後も私のもとで競技を続け、2000年にはマラソンの日本記録（ともに当時）を樹立している。2000年代半ばにはその実績から「ロードの駒澤大学」、「平成の常勝軍団」と言われるまでにチームは成長した。10年間でここまで作り上げることができたことは今でも私の誇りである。

*

## 心のおごりが衰退を導く

そして「平成の常勝軍団」と言われるようになったこのあたりから、入部してくる選手に変化が生まれてきた。２００６年には宇賀地強《うがちつよし》（現・コニカミノルタコーチ）、深津卓也《ふかつたくや》（現・旭化成コーチ）、高林祐介《たかばやしゆうすけ》（現・駒澤大学コーチ）の3名が入ってきた。彼らは高校時代に全国大会で活躍したランナーで、５０００mで13分台というベストタイムを持っていた。今もそうだが、高校生でこのレベルにたどり着く選手は間違いなく生まれ持った素質を備えたエリートランナーであり、それまでの駒澤大学のカラーとは異なるタイプである。

もともと私は駒澤大学で指導を始めた当初から、「箱根駅伝で勝った後は日本のトップランナーを育てたい」という夢があった。そして藤田でそれを成し得たが、この年に入ってきた選手たちの能力は藤田をはるかに凌ぐものだった。

世界の陸上界を見たときに、日本はスピードの面で大きく差をつけられていた。20世紀後半から、アフリカ勢はマラソンでこれまでは考えられないようなスピードで走り、世界記録が更新され続けた。私には就任以来、箱根駅伝のために培ってきたスタミナ強化のノウハウがある。今度はこうした才能ある若者の力を伸ばし、スピードとスタミナをうまく融合させ、将来的に日の丸を背負える選手を育成したいという思いが芽生えた。

この時点でコーチ就任から含めて、10年の指導のなかで箱根駅伝は4連覇を含め、5回の優勝を遂げていた。そこに向けた選手の育て方、勝ち方はもうある程度はわかっているという自負があるうえに、エリート選手が加わる。**「これまでと同じやり方でいけば結果はついてくるはず」というおごりが、心に生まれてしまった。これが大きな落とし穴になった。**

## ≫同じやり方では成功は続かない

# 一人ひとりの育成とチーム作りの失敗

実績のあるエリート選手はその後も継続して入部してきた。強い駒澤大学に憧れ、そこで力を伸ばしたいと考えてくれたのだろう。東京五輪男子マラソン代表の中村匠吾《なかむらしょうご》もその一人だ。高校時代から全国屈指の力を持つランナーとしてその名をとどろかせ、高い目標を持って入部してきた。もともと故障が多く、入部して2年間は目立った結果が出なかったが、「駒澤大学で強くなりたい」という強固な意志を持っていた。

彼らは順調に力を伸ばし、個人として日本最高峰の試合である日本選手権の5000mや10000mといった種目に出場することも当たり前になり、なかには入賞する選手も出てきた。

そこで戦う相手のほとんどは実業団選手である。年によってはここでオリンピックや世界選手権の代表が決まるハイレベルなレースだ。その舞台で年齢もキャリアも上の大人を相手に、駒澤大学の選手が真っ向勝負を挑む姿は駅伝とは違う醍醐味《だいごみ》があり、私も夢中になってそこで戦える選手の育成を目指した。

しかし、一方で駅伝のチーム作りは思うようにいかなかった。２００8年の箱根駅伝で優勝した翌年には13位に沈み、10位までに与えられる翌年のシード権を手にすることができず、予選会から出場しなければならなかった。そして結果的にそこから13年、優勝から遠ざかる。

大会前に優勝候補に挙げられることは幾度となくあったが、栄冠は遠かった。この間、途中の区間で大きく失速し、順位を落とす「ブレーキ」も何度も起こしている。チーム作りの失敗は明らかだった。

今、思い返せば理由は明確だ。それは**チーム内で「エース」と「それ以外の選手」の力の差が大きく開いてしまった**ためである。

駅伝はチーム戦ではあるが、それも個人の力の集合だ。練習も個々の能力や目標に合わせて、グループ分けを行い、能力に応じて走る距離や本数、設定ペースなどで差をつけるが、今思えば、エリート選手に合わせた練習が多かったように思う。

私の意識が高いレベルに向きすぎてしまったのだろう。それだけの力がない選手たちは、私の出す練習メニューを消化しようと必死になって取り組んでくれたが、それは試合には生かされない練習となってしまったのだ。

## 》個々の力を一つにして組織ができる

＊

自分より能力の高い水準の練習に挑むこと自体は、決して悪いことではない。しかしそれにも限度がある。チームでも下位の選手がハイレベルな練習ばかり行うと、そもそもそこについていけない場面が出てくるためだ。途中で止めてしまっては、練習の目的は果たせない。そして、与えたメニューをやり切ったとしても疲労困憊《ひろうこんぱい》となり、そこからの回復に時間がかかる。そうすると1回はなんとかこなしても、次の練習でついていけなかったり、なかにはケガや体調不良を起こしてしまったりする選手も出てくる。

継続した練習ができなければ力を養えないことは言うまでもない。それがわかっているから選手はどんどん練習に喰らいつこうと頑張る。そして疲れていく。でも練習で遅れれば駅伝メンバーになれないから、さらに頑張る。いつしか練習についていくことが目的になってしまうのだ。

厳しい練習をやればいいというわけでないところに陸上長距離の難しさがある。**練習とは、余裕を持ってこなし、それを継続しながら少しずつレベルを上げていくもの**なのだ。それでこそ能力を高められるし、自信もつく。練習のなかではレースを想定して考えながら走ることも必要だし、自分の体の状態や変化に気づく感覚も磨かなければならない。しかし、練習をこなすことで精いっぱいになると、そこまでの余裕は生まれない。ただがむしゃらに走るだけになってしまう。

その結果、緊張感のある駅伝の本番で、周りを見て、冷静に自分の体の状態や周囲の状況を見ながら走れなくなるのだ。キツくなったときの立て直し方や、ペースの組み立て方を知らなければ、とうてい好結果は望めない。

結果として、エースたちは力を伸ばしたものの、駅伝で彼らを支えるべき選手たちが崩れてしまったのだ。

## ≫ 練習で余裕を持てなければ本番で力は発揮できない

## 「これくらいでいいだろう」という安定思考

２００８年の箱根駅伝で勝ってから、13年間勝てなくなったが、その間も結果が悪かった年ばかりではない。２００９年は13位だったが、２０１０年からの10年間で2位が4回、3位が3回ある。箱根駅伝以外では全日本大学駅伝でもこの間、4連覇していた。客観的に見れば、駅伝の強豪と言って問題ない結果は残していたし、高いレベルでそれなりに安定した結果は残していたのだと思う。

ただ**今振り返れば、安定とは停滞なのだろう**。私のなかで箱根駅伝の戦い方、選手の育成が見えてきたために、「これくらいの練習でいいだろう」という、ある意味、達観したところが出てきてしまった。だからこそ2位や3位になりながらも詰めが甘く、優勝まで手が届かなかったのだ。勝つことに対して執念がなかったと言えるかもしれない。

ただ**安定も常に維持できるとは限らない**。毎年、選手が入れ替わるのが学生スポーツ。

育てた選手は必ず卒業していくことに加え、新たに入部してきた選手を狙い通りに育てられないこともある。私は経験的に箱根駅伝で勝つために必要な戦力をわかっているため、他大学の選手と自軍の力を比較したとき「今回は難しいかな」という気持ちが生まれることも何度もあった。はっきり言えば、戦う前から諦めてしまったのである。

そして優勝を何度も経験し、私のなかで箱根駅伝への情熱が薄れ出したことも認めざるを得ない。それゆえに新しいことにチャレンジしたり、強い相手に立ち向かったりする気持ちがなくなってしまったのだ。

## 》戦う前から諦めてはいけない

＊

もうひとつ、この時期に勝てなかった理由について心当たりがある。それは目標を立てた後、そこへ向かう気持ちの部分だ。これは私が指導者になってから今に至るまで変わらない方針なのだが、箱根駅伝では常に「3位以内」を目標としている。

それには理由がある。まずチーム作りの段階では3位以内に入る戦力を目指せば、優勝のチャンスが出てくるためである。決して優勝を目指さないわけではない。しかし勝負は時の運の面もある。3位に確実に入れるチームを作り、チャンスがあれば、一気につかみ取っていくというスタイルを私は常にイメージしていた。

実際、２０２１年の箱根駅伝は最終10区にタスキが渡った時点で2位。トップを走る創価大学とは3分19秒の差をつけられていた。これは1㎞以上離されていることを意味し、20㎞の距離では通常、逆転できる差ではない。しかし前を行くランナーが失速したため、結果的に優勝のフィニッシュテープを切ることができたのである。

アンカーで3分以上の差の逆転劇が起きたのは89年ぶり、とレース後に知った。優勝は難しくとも**上位を維持しようと心を切らさずに走っていれば、こうしたチャンスが巡ってくるのだ**。

もうひとつは、どんなに戦力が厳しくても「3位以内」に入っておけば、翌年の立て直しがやりやすいという事実もある。これが7位や8位になると次の年にいきなり優勝を狙うのは厳しくなる。そして、力があり箱根駅伝で優勝したいと考える高校生にとって、駒澤大学は魅力的な進路とならず、選手勧誘で後手《ごて》に回ってしまうことも考えられる。**常に上位にいて、優勝を狙える結果を出し続けることが「常勝の条件」なのだ。**

この考えは今も揺るがないし、間違っていないと思う。ただ、ここにも気をつけなければならない落とし穴がある。冒頭で書いた通り、ずっと「高いレベルでの安定」を続けてきたために、いつしか「これでいい」という思いが生まれてしまった。一応、目標を達成しているために、反省し、改善することがなかったのだ。そのため自分から変化したり、選手たちの変化にも気がつかなくなっていた。

「勝てなかったのは仕方がない」

「来年はまたチャンスがある」

毎年、そう思うことで自分を正当化し、指導方法を変えることなく、年月を送ってしまった。そして勝つべきチャンスがあれば、是が非でも勝ちにいくという執念を発揮できなかったのだ。

## 》》常に上位にいることを目指し、執念を持ち続ける

# 動かない自分。選手に見抜かれたやる気

　ここまで記してきた私の気持ちの面での変化は、行動に表れていたと思う。一番の変化は朝練習についていかなくなったことだろう。

　私たちのチームは週に6回、毎朝5時45分に集合し、60分ほどのジョギングに出る。コーチとして指導を始めた30代の頃は、私も選手と一緒に走っていた。歳を重ね、それが難しくなってきてからは、自転車でその姿を追いかけ、選手に声をかけたり、走りの状態をチェックしたりしていた。

　それをいつしかやらなくなってしまった。集合し、体操をした後に選手が走り出すと、コーチやマネージャーは自転車で追いかけるが、私は選手が帰ってくるのを待つだけである。そこは任せておけばいいだろうと考えていたのだ。もちろんそれはコーチたちが優秀で、後で選手の状態をしっかり報告してくれるからという信頼感があるからこそだが、そ

れだけに頼らず、私自身の目で見て、選手を把握することが大切だ。

実際、走り終えて戻ってきた選手の表情や仕草から、「何かおかしいな」、「何かあったかな」と心身の不調の兆しを感じたことは幾度となくあった。もし走っている姿を見ていればもっと細かな変化に気づけただろうし、その場で見てアドバイスしたり、より深く原因を探ることもできただろう。わかってはいたが、55歳を過ぎた2013年くらいからだろうか。体力的にも厳しく感じることが増え、「午後の練習を見て、大丈夫ならばそれでいいか」と甘えが生まれてしまったのだ。

「監督は最近、自分から動かなくなったね」

そう指摘したのは私の妻である。

妻は私が駒澤大学の学生だった時代に同じ陸上競技部にいた同級生。社会人を経験して入ってきた私より年下ではあるが、当時からマネージャーをしていたので、競技のことは知り尽くしているし、結婚後、私がコーチとして大学に戻ってきた初年度から、寮で選手のために食事を作り続けている寮母だ。私がどのように選手へ接してきたか、どんな指導をしてきたかすべて見てきている。その変化に気がついたのだろう。

「**勝てなくなったのは、監督が動かなくなったせいだ**」

このように痛いことをズバズバと指摘してきた。だが、それでも私はすぐに行動を変えることができなかった。

＊

## 》指導者が自分の目で現場を見る

私の気持ちは選手たちにも見抜かれていたと思う。午後に行う本練習では本気で指導していたつもりだったが、**言葉に説得力がなかった**のではないだろうか。今振り返れば、いくつも思い当たる節がある。

「今日の練習はこのくらいのペースでやっておけばいいよ」

「おまえがそう考えるのなら、その練習のやり方でいいんじゃないか」

そんな言葉を多く口にしていた気がする。それ自体は選手の自主性に任せる発言で問題ないかもしれないし、選手の意見や考えをどんどん取り入れるべきなのは言うまでもない。だが、問題はそこに至るまでの過程や言い方である。選手の考えや狙いをしっかり聞いたうえでそれを尊重する言い方ならばいいが、選手に真剣に向き合わず、どこか投げやりのような感じだったという自覚がある。それでいて練習で設定ペースを守れず、一緒に走っている他の選手から遅れると、「なんで走れないんだ！」、「やる気はあるのか！」そういった強い言葉を投げかけていた。

周りから見れば、以前と変わらぬ厳しい指導をしていたように見られたかもしれない。しかし、選手にしてみれば「監督は自分たちのことをよく見ていないのに、怒ってばかりだ」と思っていたに違いない。

それも当然だろう。指導とは情熱と信頼関係によって成り立つもの。**コミュニケーションを取らず、一部分だけを見て叱っても、人は育たない。**「なぜ走れないのか」、「どこに問題があったのか」、「どう改善すればいいのか」。私の視点を伝え、選手と一緒に考え、次の行動を促す。それをしないのはやはり「行動力の欠如」である。

駒澤大学のコーチ就任、そして2004年に監督になって以来、私は自他ともに認める情熱的な指導者だった。そして、その情熱こそ私の最大の武器であり、指導の根幹だったのだが、それはいつしか失われてしまっていたのだ。

## 〉〉なげやりな態度は必ず見抜かれる

## チーム作りの失敗から生まれたブレーキ

勝てない間、ブレーキが多かったことは前述した通りだ。ブレーキとは駅伝で起用された選手が力を発揮できず、想定外に失速して大きく順位を落とすことを指す。先ほど記した通り、練習で目いっぱいになり、試合に向けた準備をしていないことが大きな理由だと私は考えているのだが、それも起用した指導者の責任だと思う。その点は今も昔も考えは変わらない。

過去を振り返ったとき、ブレーキは不安を持って送り出した選手に多かったと改めて気がつく。箱根駅伝の10区間にはそれぞれ特徴がある。箱根の山を上る5区、そこを一気に下る6区は言うに及ばず、エースが集まり、コース半ばと最後に上りのある2区は難易度の高い区間だ。10区は平坦で、かつ順位が確定していることが多いが、午後の時間帯となって直射日光を浴び、体感温度が上がるため、暑さに弱い選手は起用できず、やはり簡単ではない。そうした面を細かく考えながら、それぞれに適材適所の選手を配さなければならないが、どうしても選手が育たなかったり、選手層が薄かったりする年には、不安のある選手を起用せざるを得なくなり、「うまくいけば、このくらいで走ってくれるはず。走ってくれ」と願いに近い思いを込めて送り出す。

しかし、この時点で選手が好走する可能性は低い。選手起用は「うまくいけば……」という、いい方向にレースが進んだ場合を想定するのではなく、**「どんなに悪くてもこのくらいでは走ってくれる」という最低ラインの確信を持って送り出さなければ、結果はついてこないのである**。10人の選手のうち、一人でもそんな選手がいるときは絶対に優勝はできない。これは断言できる。

箱根駅伝では運営管理車、一般には監督車といわれる車に乗って、後ろから選手の走りを追いかけるが、不安を感じながら起用した選手の背中が失速し出したときは「やっぱりダメだったか」と思い、自分の指導や采配を呪うと同時に、申し訳ない気持ちになる。そこからどんな叱咤激励をしても、ペースを取り戻すのは難しい。

## 》自信を持った采配が勝利につながる

また、選手起用で温情をかけると、たいていは失敗する。

＊

「4年生でこれまで頑張ってきたから」

「故障で長い間、戦列を離れていて練習も十分に積めていないが、エースとして力がある選手。試合では走ってくれるだろう」

**現在の状態を無視し、情けをかけて送り出すとやはり失敗する。**通常であれば私はこうした選手起用はしないが、チーム作りに失敗し、戦力的に厳しいときにはせざるを得ない場合が出てくる。選手は誰もが箱根駅伝を走りたいことは間違いなく、彼らに温情をかけているように見えて、実際はチーム作りの失敗の責任を彼らに転嫁してしまっていることになる。

2018年の箱根駅伝、エースだった工藤有生《くどうなおき》は、本来であれば有力選手の集う2区を走らせることを想定していた。しかし、故障からの回復途上で脚にまだ不安があった。過去2大会、2区を走っており、本人も「最終学年こそ区間賞を取りたい」という思いが強かったが、それが狙える状態ではないことは明らかな状態だった。12月に入り、「2区では起用しない」と本人には告げた。一時はメンバーから外すことも考えたが、本人の「走りたい」という意志は強く、またチーム事情も工藤なしでの戦いは考えられなかった。それゆえ負担の少ない7区を任せたのである。

工藤も気合を示すかのように頭を丸めて挑んだが、5㎞付近から脚に力が入らなくなり、失速してしまった。私自身、4年間かけて育てた彼への思いが強かったことも事実で「なんとか走ってくれるはず」との期待を込めて送り出したのだが、結果的に彼につらい思いをさせてしまった。

この年、チームは12位。翌年のシード権を取ることができず、予選会に回ることになる。工藤の責任ではないし、ブレーキを起こしたからシード権を失ったわけでもない。そもそも戦う前までにチーム作りに失敗していたのだ。**自信を持って選手を送り込めていない時点で結果はもう見えていたのである。**

## 》温情での起用はしてはならない

## 選手の気質の変化にどう対応するか

選手たちの気質や性格の変化に対応できなかったことも、箱根駅伝で長く勝てなかった大きな理由として挙げられると思う。

「私の学生時代、チームのなかで監督の存在は絶対だった」

当時を知るコーチの藤田敦史はそう語っている。

実際、私はワンマンな監督だったと思う。常に問答無用の姿勢で、力で選手を押さえつける指導をしてきた自覚がある。実際、そのやり方でチームを作り上げ、それなりに結果も残した。コミュニケーションは常に私から選手への一方通行が基本だったが、それでも以前は言い返してくる選手が少なからずいたし、「なにくそ、見返してやる」と反骨心をむき出しに走る選手もいた。

藤田もその一人であり、2000年代前半に箱根駅伝を4連覇した当時はそんな選手ばかりだった。言葉で反発できない者は走りでそれを示し、私をうならせた。選手たちが厳しさに慣れていた感じがあったし、私と選手がそれぞれに厳しさをぶつけ合うことで強さが生まれていたような気もする。

しかし、今の若い選手たちはそうした指導に慣れていない。**慣れていないことに気がつかず、私がワンマンな指導を続けてしまったことが問題だった**。そうすると選手たちは委縮してしまい、何も返してこない。もちろん私に反発する気持ちを抱いた選手もいたはずだが、それを表現することはなく、コミュニケーションが一方通行のまま終わってしまうのだ。

受け止め方とすれば「監督にキツく叱られてしまった。自分はやっぱりダメだ、もうやめよう」という選手が多いような気がする。自信がなくなり、競技への前向きな気持ちを失ってしまう。そうなれば、もうこちらの声は一切、耳に入らない。ただただ毎日がつらいだけだ。

私としてみれば、常に感情的に怒っているわけではない。だが声が大きく、言葉も厳しいタイプだけに、どうしても叱られていると感じてしまうのだろう。そして私は普段、選手をほとんど褒めることはなかった。選手にしてみれば、叱られてばかりで認めてもらっていないと感じたはずだ。私は選手と指導者の間に緊張感は必要と思っていたが、そうした行動を繰り返すうちに、いつしか選手の心は離れていってしまったのである。

## 》時代とともに若者の気質も変わる

＊

こうした変化は家族の姿が変わってきた影響なのだろうと思う。

私が子どもの頃の話となればだいぶ昔になるが、**父親は絶対の存在であり、その言葉には無条件で従うものだった。**

**しかし、そうしたあり方は変わったのであり、それは時代遅れな考え方になってしまった。**

駒澤大学で指導を開始してから、私の妻が食事を作ることもあり、私自身、選手たちの父親になったつもりでいたが、高校まで「厳しい父親像」を見てきていない選手にしてみれば、ただ口うるさい存在だったと思う。叱られ慣れていないし、打たれ弱い。事実、私に強く言われたことで、まったく話をしなくなった選手もいるし、寮内ですれ違っても目を合わせない選手もいたほどだ。

その反面、私の妻には心を開いて、いろいろな相談をしている選手は多くいる。妻も厳しいタイプで、理由なく食事を残す選手には叱ったりもするが、同時にフォローもしていたのだろう。食堂という選手たちにとってリラックスできる場にいることもあり、話をしやすい雰囲気も作っていたようだ。

私が気づいていない選手の心や体の状態を聞きだし、こっそりと教えてくれたこともよくあった。選手たちが求めているのは強い父親ではなく、優しい母親なのだと感じた瞬間だった。

これまでの**一方通行のやり方では選手はついてこない。陸上競技の指導云々の前に彼らとの接し方を変えなければならなかった。**

## 》》今の選手は厳しい父親像を求めていない

# なぜ自分が変わろうと思ったのか

勝てない間、ずっと焦りに似た感情は持っていた。

「新しい駒澤大学を作らなければならない」

コーチの藤田ともずっとそんな話をしていたし、危機感もあった。だが、変わるきっかけがなかなかなかった。

最初の変化は2018年の箱根駅伝後に訪れた。

このときは12位。次の大会は予選会から臨まねばならなくなり、私は自分の指導に対する情けなさ、歯がゆさを感じていた。かつて「平成の常勝軍団」と呼ばれたが、それも昔の話だ。先ほど述べたように、予選会から優勝を狙うまでにチームを立て直すのには時間がかかる。

**「このまま終わっていいのか」。そう自問自答を繰り返した。もちろんいいわけがない。**

私はちょうど60歳になったばかりだった。これをきっかけになんとか自分が変われないだろうか。そう考え始めたのである。

そして、その思いが決定的になったのが2019年9月だ。

このとき、東京五輪マラソン代表選考レース「マラソン・グランドチャンピオンシップ」が行われ、卒業後も指導していた中村匠吾が優勝し、代表の座を決めたのである。

初めて教え子がオリンピックに行く。

これ以上の感動はなかった。

私は優勝を決めた中村と抱き合って涙を流すと同時に、大きな決意をした。夢だった教え子のオリンピック出場を成し遂げた。でも本来の仕事である駒澤大学での指導はどうなのか。箱根駅伝に勝ちたいという思いを持って入学してきた選手たちの夢を叶えてあげられず、不甲斐ない結果ばかりだ。この時点で心におごりがあり、年齢を言い訳にしている自分に気がついていたため、

**「よし、私自身が変わろう、変わらなければならない」**

**そう決めた**。

選手にもしっかり真正面から向き合おう、練習方法も変えなければならない、何よりか

ってのような情熱を持って行動しなければならない。朝練習についていかないなんてもってのほかだと感じたのである。

## 「自分を変えること」が大切

＊

そう考えだすと、すぐにヒントを思いついた。それは中村の指導に対するスタンスを学生への指導にも生かせるのではないかと考えたのだ。

中村は抜群の才能を持ちながら、大学時代から体が弱く、スタミナに難があった。そのため練習を継続して積み重ねられなかったので、マラソンに挑戦できる強さを備えるまでに時間がかかった。

初マラソンは卒業から約2年後。そこまではじっくりと体作りとスタミナ作りをしてきた。彼は非常に気持ちが強い選手だが、感情を表に出すタイプではない。指導しているとき、私は彼が何を考えているのかをあの手この手で問いかけ、その言葉を引き出そうとしていた。

「昨日の練習後の疲労感はどうだった？」

「今日の練習メニューは設定ペースをもう少し落としてもいいが、どう思う？」

体のことは本人にしかわからないから、こうしたやりとりを頻繁に行うなかで、効果的な練習方法を見つけようと努めてきた。

この手法で今の学生にも接していけば、コミュニケーションがうまくいくかもしれない。**もっときめ細かく指導していけばきっといい結果につながるはず**と感じたのだ。私の心のなかで勝つためのチーム作りへの意欲が再び湧いてきた。

中村と喜び合い、そして涙も乾かぬうちに、私を囲んでいた記者にこう言った。

「駅伝でももう一度、強い駒澤大学を作りますので見ていてください」

これが私の変化への宣言となった。

## ›› 今の若者にはきめ細かい指導を

第二章

# 監督自身が変わる

## 背中を押してくれた言葉

**いざ、自分の考えを変え、指導を変えていこうとしたときに、助けられた言葉がある。それは「情熱に勝る能力なし」というもの**で、自己啓発の雑誌に書かれていた見出しだった。

私は子どもの頃から決して勉強ができるタイプではなかったし、選手としても学生時代に箱根駅伝で区間賞こそ取ったが、実業団ではマラソンで成功できなかった。ただ、走るということへの情熱だけは誰にも負けなかった。高校卒業後、箱根駅伝を走りたいという夢を持ちながら、家庭の事情で大学進学が叶わず就職し、実業団ランナーとして走っていたが、それでも夢が諦めきれず、24歳で駒澤大学の夜学に入学し、働きながら学生生活を送ったことは先に記した通りだ。

駒澤大学で指導を始めてからも、感情をむき出しにし、チームを強くしたいという一心で無我夢中で指導をしてきた。どんなときも常に真正面からぶつかっていたと思う。その情熱こそ私を支えるものである。

「情熱に勝る能力なし」はそんな私を肯定してくれた言葉である。一時的に年齢などを理由にそれを失いつつあったが、それを取り戻したときにこの言葉に出会い、この心に宿っている情熱は才能なのだと言われた気がして嬉しかった。この情熱を持って、今の難局を乗り切ろう。きっとできるはずだと勇気をもらったのである。

## 情熱に勝る能力なし

*

「財を遺すは下、仕事を遺すは中、人を遺すを上とする」

プロ野球の名監督、故・野村克也《のむらかつや》氏が『ああ、監督』（角川グループパブリッシング）という著書のなかで記された言葉である。私は野村氏の本は何冊も読んでおり、影響を多分に受けているのだが、この言葉は深く心に刺さった。財産や業績ではなく、人を遺すことこそ、仕事として最も価値があるという教えである。初めてこの言葉に触れたときにはハッとさせられた。

言うまでもなく指導者は人を育てることが仕事だ。私は陸上競技部の監督なので選手の競技力を伸ばすことを求められているが、選手たちはプロではなく大学生であり、すべての者が卒業後も陸上競技を続けていくわけではない。選手としての結果だけに留まらず、「人作り」をしなければならないのだ。社会に出て活躍できる人材になるために必要な心構えや知識、人との接し方を学ばせ、自ら行動できる人間になることも目指さなければならない。

箱根駅伝での優勝を目指し、再出発を切ったものの、その競技結果だけで一喜一憂してはならないし、選手に対しても走力だけを評価の軸にしては、育たない。**勝つことを目指し、勝利を手にしたことで得た経験を、人としての成長につなげなければならない**のだ。大学での4年間で多くのことを学び、卒業後に進む広い世界で活躍できるように。これは以前から感じていたことではあるが、このタイミングだからこそ肝に銘じておかなければならないと思ったのである。

野村氏の言葉でもうひとつ大切にしようと思ったのが「鈍感《どんかん》は最大の罪」というものである。私自身が日々、さまざまな情報を「感じとる力」を持っていなければ、選手たちの個性を伸ばし、成長させていくことができない。子どもたちの言葉や態度、ちょっとした仕草を敏感に読み取り、それが何を表しているのか、どう対処すべきか「次の行動」へと反映していくことが必要なのだと私は理解した。

これは選手も同じなのだと思う。毎日の生活や練習のなかで「気づき」を大切にし、自分の成長につなげられる力をつけなければならない。最低限に必要なことは知識としてこちらが教え込むが、それを踏まえたうえで自分で考えられるようになってこそ、社会でも活躍できる人材となれるはずで、「指示待ち人間」にはならないように注意している。そのために**私は彼らに多くの情報や機会を与え、「気づかせる指導者」にならなければならない**のだ。

**一から十まですべてを指示したり、頭ごなしにこちらの考えだけを押し付けたりしてはいけない**と改めて教えられた気がした。

## 》指導者の仕事は人を育てること

# 行動を変える。選手に寄り添う

**自分を変えようと思ったときにまず行動を変えることにした。**何より先に変えたのは、これまで「体がつらい」という理由でコーチやマネージャー任せにしていた朝練習で、選手の走りにしっかり自転車でついていくことにした。

陸上長距離の選手にとって朝練習はメインのトレーニングではなく、補助的なものである。基本はジョギングで駒澤大学では平坦なコースと起伏のあるコースの2種類を日によって変えて走る。

それ自体は毎日のことなので厳しさはないが、午後に行う負荷の高い本練習への準備として体の状態をチェックし、動きのイメージ作りをする場である。本練習はここから始まっていると言っても言いすぎではないくらい、大切なジョギングだ。また前日に長い距離を走ったり、ペースの速い練習を行ったりなど負荷の高いメニューに取り組んでいれば、翌日朝は疲労が残っており、ジョギングといえどかなりきつく感じる場合もある。

　ここでの走りは選手の体調や意識を見るうえで非常に重要だ。フォームや足の運び方、表情などを私は自転車で前後しながら見ていき、声をかける。

「もう少しペースを落としたほうがいいな」

「昨日キツい練習をしているけど、ここでしっかり走っておくことが大切だぞ」

　意識の高い選手はここで違いが出る。ランニングフォームというのはおもしろいもので、選手が何を考えて走っているかが表れるのだ。

　ペースが遅いジョギングだから苦しそうな顔をして走る者はほとんどいないだけに、「この選手はリズムを重視しているな」とか、「意識的にペースを落として、疲労を抜くことを考えているな」とか、目的が見えてくるのである。それによってアドバイスする言葉を変えていく。こうした**きめ細かいコミュニケーションをすることで、より的確な強化が進む**実感があった。

## 現場に赴き、自分の目で見る

＊

朝練習についていくようになってから、明らかに選手たちの表情が変わってきた。私の行動の変化に「本気度」を感じたのだろう。

「監督は、これまで朝練習はグラウンドで待っているだけだったのに、様子が違うぞ、本気で勝ちにきたんだな」

そう思うようになったようだ。

**こちらがしっかり選手を見ていることがわかると、選手の練習への意欲や意識が上がってくる。**言うまでもなく同じ練習でもその気持ち次第で効果は変わり、その積み重ねがレース本番につながっていくのだ。

もちろんそのために私自身も準備をした。朝練習についていくために、時間があれば自分でも走って体力作りをしたり、筋力トレーニングをしたりするようになった。そうした姿も多くの選手が目にしたことだろう。

「俺は本気で育てていくつもりだぞ」

無言のメッセージではあるが、確実に選手に伝わっていく手ごたえがあった。

自分の心の変化は練習以外の行動も変えた。

時期は少し前後するが、合宿で移動するバスを自分で運転しようと、中型免許をとった。今までやってこなかったことを新たに覚えるのは、私自身、新鮮な気持ちになったし、実際、私がマイクロバスを運転できるようになったことで、チーム内の行動力も大きく上がった。

**年齢を重ね、ふんぞり返るのではなく「自分で動く」場面を自ら見つけ、始めていくのは大切なことだ。**

そして、私はそのことで周囲の状況や選手の行動がよく見えるようになった。改めて、行動を変えてよかったと感じている。

## 》自ら動く。動いて示す

# 雰囲気を変え、話しやすい状況を作る

変わろうと思ったとき、「自分はなぜ叱ってばかりいるのだろう」と自問自答してみた。選手を強くしたい、頑張ってほしい、という思いをそのままストレートに表現すると、私はどうしても強い口調になってしまう。

それは自分としては選手への期待の裏返しであり、叱咤激励なのだが、選手たちはそうは受け取らない。そのため、なるべく柔らかい言葉を使うように意識し、言葉遣いも優しくするように努めた。

たとえば朝練習から気の抜けた走りをしていた選手がいると、以前は朝練習の段階で「何やってんだ、気の抜けた走りをしているんじゃないぞ」と叱っていたが、今はそこではあえて何も言わないようにした。

そして、午後の本練習でも設定ペース通りに走れないようであれば、そこで初めて、

「しっかり走れなかった理由はどこにあると思う?」

と、理由を本人に問いただすようにしてみた。**すぐに叱るのではなく、少し待つ。泳がせて様子を見る。そして、最終的にいい結果が出なかったときに、冷静に話すように心がけたのである。**

そうすると選手は自分なりの答えを返してくる。準備不足だったことがわかっていれば、そこがダメだと正直に反省の弁を述べ、改善を誓う者もいる。

逆にごまかしたり、本当に走れない理由がわかっていなかったりする選手には「朝練習のときから午後の練習をイメージして走っていなかったんじゃないか?」と、**こちらの考えを示すようにした。そしてもう一度、自分なりに考えてみろと預けてみる。ここですべての答えを示すことはない。**

その結果、改善した選手は進歩を見せる。叱られて変えたのではなく、アドバイスこそ受けたものの、自分なりに行動を変えて、うまくいったという自信を手にすることができる。一方、**何度も同じ失敗を繰り返す者もなかにはいる。仏の顔も三度までで、その場合は容赦しない。**

「俺は何回も言っているよな? なんで同じことを繰り返すんだ? やり方がわからない

ならば、なんで聞きにこないんだ?」

そう言って突き放す。そこからはアドバイスはしない。

選手もまずいと思うのだろう。ここでようやく危機感を持って、行動を変えてくる。今のところ、この方法でうまくいくケースが多い。大きな声で怒鳴る機会は本当に少なくなった。

＊

## ≫すぐに叱らず、泳がせる、考えさせる

練習の場ではこれまで同様の厳しさと緊張感を維持したが、寮はリラックスできるように私自身の表情や雰囲気を変えてみた。オンとオフで明確に線を引き、オフである寮内では選手たちに話しかけ、一緒に食堂でテレビを見たりもするようになった。私から彼らに歩み寄ったのである。

そうすることによって彼らも距離を詰めてきた。練習メニューについて、大学生活のこと、進路の悩みなどいろいろな相談を持ち掛けてくる。

かつては恐れをなして目すら合わせてこなかった選手たちが、近寄ってくるようになったのである。

駒澤大学に在籍している時点ですでに学生のレベルを越え、国際大会の日本代表になった田澤廉《たざわれん》という選手は、私に平気で敬語を使わずに話してくることもある。

さすがにそれに対しては叱るが、それ自体、以前では考えられなかったことだ。昔を知るOBは「監督は信じられないくらい優しくなった」と目を丸くする。

「話があるならサウナで聞こうか？」

悩みがありそうな者がいると、寮内の風呂場にあるサウナに呼び込むこともある。文字通り、裸の付き合いだ。

こうした場では選手たちは本当に正直な話をしてくる。

「ケガばかりですが、このまま自分は競技を続けていいんでしょうか？」

「実業団にいって競技を続けたいんですが、自分の実力だと無理ですよね？」

かつては私はこうした関係は理想とは考えていなかった。指導者と選手は緊張感がなければならない。甘い顔を見せれば、選手の心に隙が生まれるので、そうした面は見せてはならない。そう思っていた。

しかし今は時代が違う。

人作りのためにはこうした手段も必要だと思う。**上に立ち、引っ張るべき存在であっても、こちらから目線を下げてこそ、人はついてくる。**

ただ繰り返しになるが、**練習での厳しさは今まで通り維持している。選手に迎合してはならないし、舐められるようになるなどもってのほかだ。**

ただ**ギャップを生むことで、選手もしっかりオンオフの切り替えを感じ、その通りに接してくれる**ことに気がついた。

私にとってこの事実は大きな発見であると同時に、選手たちの本音が聞けるようになり、指導がよりおもしろくなった。

## 選手との距離を縮め、自ら話を聞きにいく

# よく観察し、選手の変化を見逃さない

ここまで述べてきたように、**私は選手との接点を増やし、コミュニケーションを多くとるように努めてきた。だがそのすべての基本は、彼らの日常的な行動をしっかり観察するところにある。**

寮のなかで過ごすとき、練習のとき、私は選手のことを努めて見続け、その変化を見抜きたいと考えた。先に挙げた「鈍感は最大の罪」という野村克也氏の教えを受けてのものである。

朝練習の集合の場面で、選手を見て、「何かいつもと違うな」と感じることがある。それは雰囲気や表情など言葉にはできない曖昧《あいまい》なものが多いのだが、違和感を覚えたときには、その選手の行動には注意しなければならない。何かしら生活で問題や悩みを抱えていたり、体調が悪いサインだったりする。

そんな気配があればこちらから歩み寄っていく場合もあるし、キャプテンや妻に「あの選手は最近、どんな様子なんだ?」と聞きながら、状況を把握し、様子を見ることもある。**問題があれば、すぐに解決の方法を探らなければならない。この違和感を察知する感覚を私は意識して磨くようになった。**

もっとダイレクトに選手の変化を見抜ける場面もある。それは食事だ。基本的に陸上長距離は運動量の多いスポーツなので、しっかり食べなければ体がもたない。特に線の細い選手は体作りのために必要なたんぱく質をしっかりとる必要があるし、貧血持ちの選手は鉄分の摂取は欠かせない。場合によってはサプリメントもとっている。寮の食事は栄養士の資格を持つ妻が長距離ランナーとして必要な栄養を考慮しながら、毎日の献立を作っている。

しかし食堂で見ていると、出されたメニューを残さず食べる選手、ご飯をおかわりする選手がいる反面、いつも何かしら残している選手がいる。そうした選手は必ず心身に問題を抱えている。疲れやすい、体調を崩しやすい、ケガが多いなどだ。

どのタイミングで声をかけ、改善を促すかは選手個々の個性や特性に合わせて変えるが、走れない選手の原因は練習だけでは探ることはできない。こうした観察で選手のことを知り、対応していく必要があるのだ。

## ＊すべての基本は選手を観察すること

観察は練習になればより重要度が増す。練習前の集合時、選手は私を囲むように輪になって集まるが、誰が誰の隣にいるのか。そして個人でジョギングに出るとき、どの選手たちが連れ立っていくのかなどは重要なポイントだ。これは弱い選手、意識の低い選手はつるむ傾向があるからである。

50名ほどいる駒澤大学陸上競技部でも、残念ながら全員が高い意識で競技に取り組んでいるわけではない。一時的に自信を無くしていたり、駅伝メンバーから外れ、失意のなかにいたりする者もいて、そうした者は競技に対する前向きな気持ちを失っている。そして同じ状況にいる仲間同士で一緒にいたがる傾向にある。

「本当に強くなりたかったら、練習でも食事でも強い選手の近くにいて、その姿を真似したり、考えを聞いたりしたらどうだ。強い選手はみな、理由があって強いんだから、そこから学べることがあるはずだぞ」

私はすべての選手に対して、こんなアドバイスをしている。**高い意識も低い意識も伝播する**からだ。

もちろん観察は私の主観だけでなく、客観的なデータも重視する。能力を考えても特に速いペースの練習でないのに不自然に周りの選手についていけない者がいると、私はすぐに貧血を疑い、血液データをチェックする。貧血は私も現役時代に経験しているし、過去に駒澤大学でも何人もの選手がこの症状に苦しんだ。今ではすべての選手が定期的に血液検査をしているので、数値が下がったときには練習量を落とし、食事やサプリメントなどで早めのケアが可能になっている。

ただこうした事例も、最初は私の目による違和感がきっかけとなることが多い。**少しでもおかしいと思ったらその原因を探り、対処する**。**指導とは観察から始まるといっても決して言いすぎではない**だろう。

## ››› 選手同士の関係にも目を向ける

## 参謀を置き、分業体制を敷く

箱根駅伝で、2000年代前半に4連覇していた当時、陸上競技部に関することは何でも自分でやった。私もまだ若かったし、何でも自分でやらないと気が済まない性格だったことが大きな理由だが、他に人がいなかったという事情もあった。忙しかったし、大変だったことは間違いないが、目の前の選手を育てることに必死で、情熱を持って取り組んでいたので、それが当たり前だと思っていた。

時間が経つにつれ、卒業生が育ち、そのなかから引退後にコーチとなって支えてくれる者も現れるようになった。大学職員として母校に就職した者がスタッフとして手伝ってくれるようにもなった。会社員として働きながら、土日だけ手伝ってくれる卒業生もいたし、11月に愛知県から三重県にかけて行われる全日本大学駅伝のときには東海地方にいるOBがこぞってサポートしてくれる。私はつくづく教え子に恵まれていると思う。

だが、私は常にワンマンに振る舞っていた。なんでも自分の思い通りに行い、うまくいかなくても誰も私に注意をできなかった。私の思い通りに部を運営していた。それでいいのかなという思いを持ちながらも、ずっと変えられなかったが、2018年からは外部スタッフとして私の後輩である佐藤信春《さとうのぶはる》を招き入れた。

佐藤は私の高校の2つ下の後輩であり、選手として活躍しただけでなく、実業団の監督としても実績のある優秀な指導者だ。今は他の職場で働いているが、土日には勧誘担当として全国にいる優秀な高校生を発掘し、駒澤大学への進学を勧める役割を担ってもらっている。

同時に彼は私のワンマンを抑える役目も果たしている。後輩であっても遠慮しない性格で、私に問題があると「監督、そのやり方ではダメですよ」と注意してくれる。これは非常にありがたい。

佐藤は陸上競技の指導において経験豊富なだけでなく、人を見る目も確かで、チームの運営や指導についても客観的な目でアドバイスをくれるし、私の独りよがりな考え方を正してくれる。加えて最近ではコーチの藤田も練習中に選手の状態を見て疑問を感じると「このペースで走らせて本当に大丈夫ですか?」と私に確認してくれるようになり、ときにそれが正しい指摘となっている。

**こうした人材を早く置いておけばよかったと今は思っている。ただ、以前であれば、そうしたアドバイスの声を受け止めるだけの度量が私にはなかったかもしれない。**「今まで通りではダメだ」という危機感が芽生え、変わろうという意識が生まれたからこその変化だろう。

*

## 客観的なアドバイスに耳を傾ける

今、駒澤大学では分業体制が明確に敷かれている。私が全体を統括し、実力の飛び抜けたSグループの数名の選手やトップレベルのAグループ、それを追うBグループを中心に指導し、藤田と2022年にコーチとして加わった高林祐介がその下のグループを見る。勧誘では佐藤を中心に、協力してくれるスタッフが数名いる。寮では私の妻が食事を作り、学生マネージャーがそれぞれの領域でサポートをしている。

だがこの分業体制を固定化しないことが大切だと思っている。それは練習の面でいえば、私はすべての選手を見る責任があると考えているし、実際、監督はすべてを見て、必要であれば全部を背負う覚悟を持っていないといけないためだ。

「監督、ここは監督が直接、説得してきてください」

佐藤から勧誘の際に、そう言われることもあるし、実際、その才能にほれ込んだ高校生のところには誰よりも先に私自身が足を運び、チームを知ってもらうと同時に、一緒に夢を叶えるために具体的な練習方法なども話す。それも情熱があってこそ。勝てない間はそこまでやるだけの元気がなかったように思う。

**本気度は行動に表れる。普段は分業体制を敷き、それぞれが自分の持ち場で責任を果たす。そして、客観的な目線で他のスタッフの仕事ぶりをアドバイスできる。**最近の駒澤大学陸上競技部はそんな組織になってきたと思う。ワンマンだった時代とは大きな変化だ。

## ≫ 分業しても指導者には全責任がある

## 時代に合わせてルールを変える

私自身が選手の気質の変化に対応していくと同時に、陸上競技部のルールも時代に合わせて変えていくことにした。一番は入部直後の1年生の丸坊主をやめたことだ。

私が指導を始めてから、1年生は入部後の4月から6月末までの3カ月間、丸坊主にするというルールがあり、どんなに高校時代に活躍した選手であっても例外なく頭を丸めて大学生活をスタートさせた。

理由はシンプルで、この間は研修期間であり、見習い期間。まっさらな気持ちでスタートし、まずは駒澤大学陸上競技部のことを学んでほしい、という思いからである。そして、大学の関係者やOBに、今年の1年生は誰かをすぐにわかるようにしておく、という理由もあった。

しかし、これは今の時代は不評だ。「僕は坊主にしたくないです」と言われ、何度も勧誘した高校生に断られた。この慣習は時代に合っていないなと私自身もずっと感じていたため、スパッとやめることにした。

なぜかというと、先に挙げた理由はあまり意味がないと思ったし、根性論と変わらないと思ったからである。丸坊主にしなくても大学生活に馴染むことはできるし、1年生とわかるためには他の目印を何かつけておけばいい。そして、これでは力のある選手が入学してこない。**「伝統だから」という理由で続けるのは一番やってはいけないこと**だなと私自身が考え直したのである。

かつては、寮の門限である22時までに帰ってこなかった選手には、バリカンで頭を丸めるルールがあった。そのルールは有名だったため、坊主になった選手が試合に行くと、他大学の選手から「あの選手は門限を破ったに違いない」と笑われたという。さすがにそんなかたちで選手たちに恥ずかしい思いをさせるのは可哀想だと感じたので、門限を破った者は寮内の掃除をするなどに変えている。

こうしたペナルティ自体にはあまり意味がない。なぜ門限を破ってはいけないのか。それは、**日々、厳しい練習をしている競技者にとって、規則正しい生活を送ることの重要性や、集団生活で輪を乱すことが、周りにどんな影響を与えるかを選手に実感として**

**理解してもらうことが大切**なのだ。規則を破る選手もそれがいけないことだとわかっている。だが「バレないだろう」という出来心から起こしてしまう。そこは場合によっては滔々《とうとう》と説明しなければならない。

## 》》「伝統だから」という理由だけで続けてはならない

＊

まだいくつか残しているルールはある。

たとえば髪の毛を染めたり、ピアスを開けたりといったことは禁止しており、今のところ変えるつもりはない。もちろん20歳前後の多感な学生だけに、そうしたことへの興味はあるだろうし、それ自体を否定するつもりはない。しかし大学で学び、競技に集中するにあたって、それが必要とは思えないのだ。私たちはテレビに映り、注目される存在であることに加え、大学関係者やOB、後援会、さらには母校に支えてもらっていることも忘れてはならない。

「私たちはプロではないんだ。どんな振る舞いであっても、応援してくれる方たちがそれを見たときにどう思うか、を常に考えて行動してほしい」

そうした話は選手たちには常日頃からしている。実際、選手たちからはしたいといった声もあまり出てこない。駒澤大学の選手のカラーにそれは合わないことを選手たちも理解しているのだろう。

ただルールのなかには今後どうすべきか悩んでいるものもある。試合時のサングラスがそのひとつだ。レースを走るときにはしっかり顔を見せるということで私が決めたが、今はレースでもコースの方角や時間帯によっては直射日光を受けて走る場面もあるため、目の健康上の理由からは必要だとも感じているし、実際、練習では使用を禁止していない。

これも今後は認めていくことになるかもしれない。いずれにせよ**時代の変化、選手の変化、そして環境の変化を見ながら柔軟な対応をしていく**つもりだ。

## ≫ まわりからどう見られるかを意識させる

# 負担のかたよりのない環境作り

駒澤大学陸上競技部に限らず、大学の体育会運動部では1年生はいろいろな雑用を任されることが多い。寮内の食堂、トイレ、廊下や玄関などすべての掃除、食事の配膳、寮の受付や電話当番などだ。

私たちの部は大学駅伝の世界では比較的小規模な組織で運営されており、部員は1学年10名程度で全体でも50人前後。となると1年生の数も当然多くない。彼らは入寮したばかりの時期は生活自体に慣れておらず、練習量も高校時代に比べて一気に増えるし、受けなければならない授業の数も多い。そのなかで寮の仕事をするのはかなりの負担だ。

私は思い切ってこうした**寮内の仕事を1年生だけにやらせるのではなく、各学年に振り分ける**ことにした。理由は1年生もしっかり練習しなければならないし、大学の授業もしっかり受けて単位を確実に取ってほしいからだ。これまでの例を見ていると、練習で疲れ、寮の仕事で疲れると、もっともおろそかになるのが勉強だ。過去にそれで単位を落として、ギリギリで卒業したり、なかには留年した者もいる。そうした事態は絶対にあってはならない。1年生で寮生活、練習、勉強の生活習慣をしっかり確立させようという思いで踏み切った。

このルールの変更を告げたとき、上級生たちは抵抗なくすんなりと受け入れた。これは今の選手たちの良いところだと思うが、**昔気質《むかしかたぎ》の体育会の上下関係をあまり好んでいない者が多い**。下級生を下に見て横柄に振る舞う者は少なく、普通に仲良くしているし、競技力が高い者がいれば、年齢に関係なくリスペクトする。そのため大きな混乱は起きなかった。

今では各学年が当然のように掃除をし、そして1年生は負担なくいきいきと大学生活を送っている。競技の面でも力を伸ばし、2021年の箱根駅伝優勝時も、1年生3人がメンバーに入って貢献してくれた。

## 》年が下の者だけに負担をかけない

1年生の間から大学でしっかり学び、単位を取得していくと、3年生、4年生で授業に余裕が出てくる。改めて振り返ってみると、過去にも駅伝メンバーに入り、卒業後も活躍した選手たちは、3年目まででほとんどの単位を取り、4年目は競技に集中していた者が多かった。

今も同様だ。田澤は早くから最終学年では競技に集中したいとの考えを持っていて、実際に3年時でほとんどの単位を取り終えた。そして4年生になってからは長期の合宿も可能になり、世界選手権出場につなげている。競技の目標と学生の本分である勉学がうまくリンクしている良い例だと思う。

私たちの世代の感覚でいえば、体育会は縦社会であり、1年生が雑用をするのは当たり前というものがあるが、これも今は当たり前ではないのだ。まずこの古い感覚を変えなければならない。

そして**預かった子どもたちをいかに伸ばし、成長させるかを考えたとき、それを阻む慣習があれば、それは変えて当然**なのだと思う。**自分たちの常識を押し付けるのではな**

**く、子どもたちの様子を観察し、彼らの意見を聞きながら、最善の方法に変えていく**ことに、今はためらいはなくなった。

私は考えが柔軟なタイプではないと自分では思っているが、よくよく考えればこうした変化は自然なことであり、それができなければ時代に取り残されてしまうのだろう。

少なくとも、もう一度箱根駅伝で勝ちたいと考えたとき、私は1年生も活躍してほしいと考え、ルールを変えた。

結果的にそれはすべての面でうまくいったと思っている。

## ≫ 時代に合わない慣習は変えていく

## 自分たちは常勝軍団なのだ

2018年の箱根駅伝で12位となり、予選会に回ったことは私が変わるうえでのひとつのきっかけとなったことは述べた。まったく情けなく、不甲斐ないと感じたし、悔しくて仕方なかったのだが、心のどこかで「落ちたものは仕方がない」という吹っ切れた気持ちもあった。

決して投げやりになった訳ではない。負けてしまったのならば、予選会で圧倒的な強さを見せてやろうという決意に近いものを感じたためである。悲壮感もなかったし、正直、危機感もあまりなかった。

負けたときには誰よりも悔しがるが、その負けを引きずらないのが私の特徴でもある。そして、すぐに次の目標へと気持ちを切り替えることができる。この性格で良かったなとつくづく思う。

特にこのとき意識したのは、プライドを失わないということ。たしかに勝てない時期が続いていたし、予選会に落ちた事実は受け止めなければならないが、**自分たちは常勝軍団であり、いついかなるときもそのプライドを失ってはいけない**と感じた。

この年は私自身の指導の考え方や方法が本格的に変わるまでにはいかなかったが、それでももう一度、本気で上を目指そうという気持ちになることができたし、選手たちもそれに応えてくれた。

当時、主将だった堀合大輔《ほりあいだいすけ》を中心に、チームはまとまり、それまで20㎞で行われていたものが、この年からハーフマラソン（21・0975㎞）で競われるようになった10月の箱根駅伝予選会では、上位10名の合計タイムで2位に7分差をつけて、文字通り、圧勝を成し遂げた。そして箱根本戦でも4位に入った。

優勝争いにこそ加われなかったものの、チームを復活させる手ごたえを得ることができたし、なにより3年生以下の選手たちが悔しげな表情を見せていたことが印象的だった。駒澤大学のプライドはまだ失われていないと感じた瞬間だった。

## 》いかなるときもプライドを失わない

＊

「負けに不思議の負けなし、勝ちに不思議の勝ちあり」

これも野村克也氏の言葉である。指導者人生で多くのレースを指揮するなかで、幾度となくこの言葉が頭をよぎった。

たしかに負けたときには必ず原因がある。

この前年の12位でいえば、選手の育成がうまくいかず、10区間を考えたときに適材適所の配置ができなかった。そして、戦力として計算できる選手たちを見ても、全体的にスタミナ不足の感があった。

その分析ができたからこそ、その改善を9カ月かけて行い、成果を次大会の予選会で発揮できたのだと思う。そして繰り返しになるが、選手たちがプライドを失うことなく、戦ってくれたことが大きい。

**負けたことは厳粛に受け止めないといけないが、それを引きずるのではなく、原因を突き止め、検証し、そしてそれを克服し、次の舞台で生かさなければならない。**負けたことで、ネガティブになったり臆病になったりしてはならないのだ。

駅伝に限らず、個人の試合であっても、私は思うような結果が出なかった選手には、そこまでの取り組みを叱責することはあっても、最後には必ず、

「自信やプライドを失う必要はない。この悔しさを次で晴らせばいい」

という声がけをするようにしている。

**負けたときにどんな考えを持ち、どんな行動を取るかで、長期的な結果は変わってくる。**もう一度常勝を目指すうえで、これを再確認できた年だった。

## 》》大切なのは徹底的に敗因を検証すること

## 「男だろ！」のイメージを変える

私の指導のイメージは、箱根駅伝の運営管理車から選手に檄《げき》を飛ばすときのフレーズ、「男だろ！」が強いのではないかと思う。たしかに試合で思わず出てきてしまう言葉ではあるのだが、実はこのイメージが先行することについて、私はあまり喜ばしく思っていない。練習でこの言葉を投げかけることはほとんどないし、そもそも私自身、「男らしさ」というものを深く意識したことはない。今、改めて考えてみても**「任された仕事を責任持って、しっかりこなす」**といったものくらいだろうか。

これは就任当初から変わっていないが、私は長所を伸ばすことを目指すタイプの指導者だ。選手の良いところを見つけ、それが武器となるように育てているつもりだ。その**長所が伸び、本人も成長の実感を得て、「さらに上を目指したい」という意識が芽生えたときに、少しだけ短所の改善に取り組むように仕向ける。**そうすると選手自身の意識が前向きになっているため、自然と短所の改善に取り組むようになるのだ。私自身、指導を変えていこうと考えたとき、長所を伸ばす面により目を向け、それに合った声をかけるようにしようと決めた。

以前の私は基本的に褒めない指導者で、箱根駅伝で区間賞を取った選手でも褒めたことはほとんどない。しかし、**最近は積極的に褒めるようになった。そのほうが選手が前向きに練習に取り組み、いきいきとするからである。**今は選手とのコミュニケーションのなかで、割合としたら半分は褒めているのではないかと思う。

もちろん叱る場面もあるが、感情に任せることはない。先ほど書いたように、まずは様子を見て、次に選手自身に問題を投げかけて考えさせ、それでも行動を変えないときに最後に叱る。それも順序を追って、説明するように諭している。まだまだ叱る場面もあるが、**「褒めると叱る」の割合は5対5くらいにはなっている**気がする。

*

## ≫ コミュニケーションの半分を褒め言葉に

指導方法を変えていこうと考えたとき、「男だろ！」のイメージを払しょくしなければならないと考えた。「男だろ！」が奮起を促す叱咤激励の言葉だとしたら、もっと前向きに自信をつけさせる声がけをしようと考えたのである。どんな言葉をかけたらいいかを考えたとき、**「おまえならもっとできるぞ、やれるぞ」という、選手たちの可能性や未来を肯定する言葉**だった。

過去に、短い距離を得意とするスピード型の選手として入部してきた者がいた。入部当初は10㎞以上のレースで結果を残せるだけのスタミナを備えていなかったが、本人は箱根駅伝のメンバーになりたいという思いを持っていた。ただ、スタミナをつけるための練習は得意ではなく、あまり前向きには取り組んでいなかったように見受けられた。

「まずは武器であるスピードを伸ばすことに意識を向けるぞ」

私はそう言い続けた。その選手は言葉の通りに練習を積み重ね、得意のトラック種目でタイムが伸びていったため、自信も欲も生まれたのだろう。個人練習で走るジョギングでも少しずつ時間を伸ばすなど、進んで練習量を増やしスタミナ強化に積極的に取り組むようになった。

「走りが良くなったな。走り込んだ成果だな」、そう声をかけると、嬉しそうにその後の練習もますます意欲的に臨むようになった。そして、のちに箱根駅伝に出場しただけでなく、好結果を残すまでになった。この選手は比較的早く成果が出たのだが、スタミナを育むのにはもっと時間がかかるのが常だ。私も焦るつもりはない。

**選手が自信をつけ、苦手な部分の改善に目を向けるようになるまで「武器を伸ばせばいい。その先に道は開ける。きっと大丈夫だ」と言い続ける**つもりだ。とはいえ、今でも箱根駅伝の前になるとメンバーの選手たちから、**「監督、自分のペースが落ちたら〝男だろ〟って檄を飛ばしてください」といったリクエストがある。**その言葉で力が湧くのであれば、仕方がない。**私はそれを希望する選手にだけ、「男だろ！」を言うようにしている。**テレビ中継を見ていただいている方はわかると思うが、これを言うとたいていの選手は「わかりました！」とばかりに手を上げて応える。

もう定番の掛け合いとなっている感じで、この言葉自体にあまり意味はないような気がする。相手を選んで声をかけているということと、選手との信頼関係のうえに成り立っているものだということをここに記しておきたい。

## 〉〉「男だろ」から「もっとできる」へ

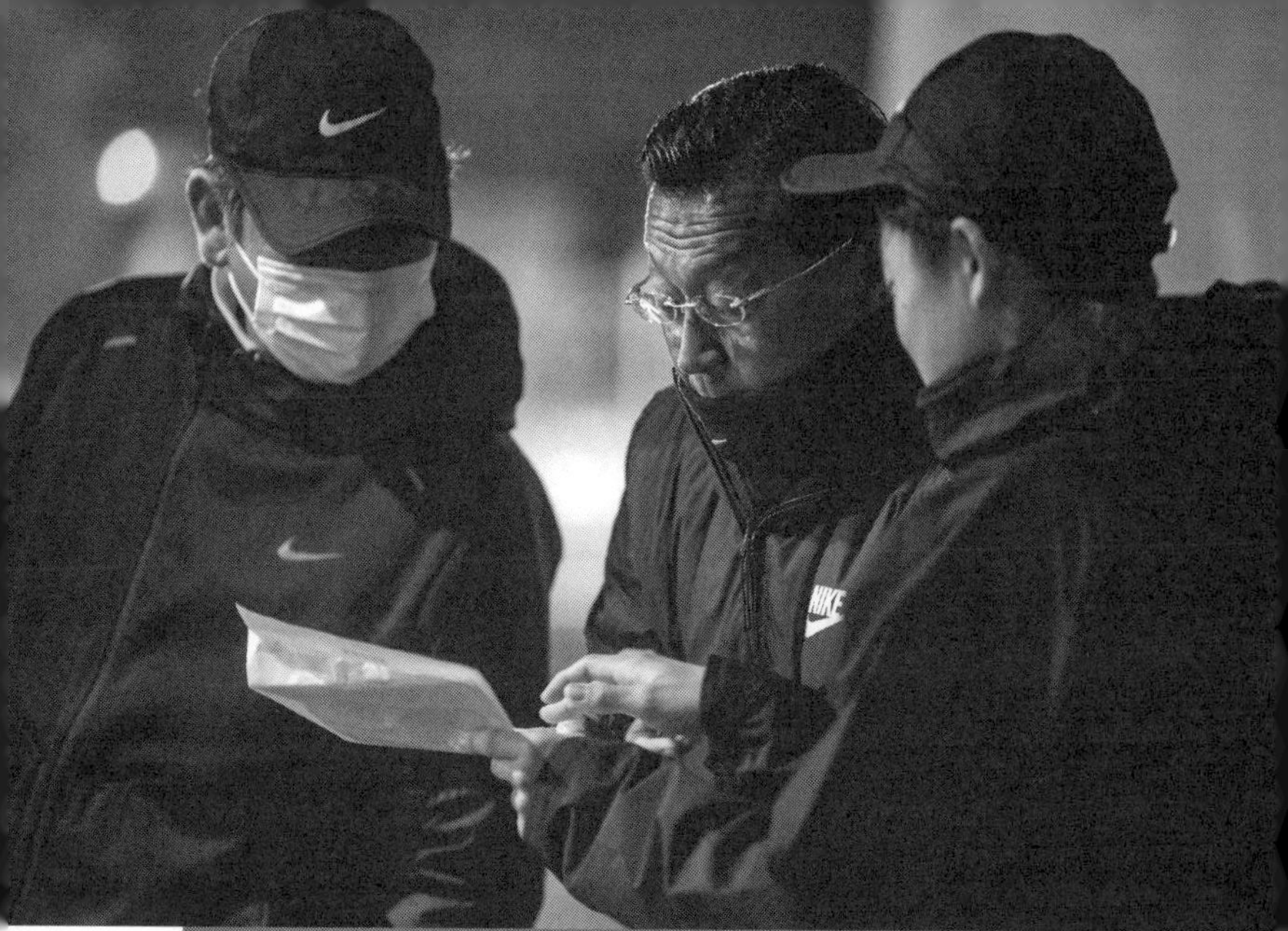

# 第三章 指導を変えていく

## 選手の目標を自信を持って後押し

選手はそれぞれに目標を持っている。

多くは「箱根駅伝のメンバーに入りたい」と考えており、そのなかでも「僕は山上りの5区を走りたい」と、たいていの選手は具体的な区間まで口にする。そのメンバー争いの指標はさまざまだが、基本はトラック種目の１０００mとハーフマラソンのタイムがひとつの基準となる。実際はそのなかで細かくチェックしたり、重視したりするポイントがあり、山を上る5区、同じく下る6区といった特殊区間は、実際にそのコースに近い環境でテストを繰り返して適性を見極めるが、まずは先の2種目が重要なことは間違いない。

そのなかで選手は目標タイムを定める。選手の出す目標は寮内の誰もが目につくところに張り出し、私はそれに対し、一人ひとりに声をかける。

**「よし、ならばこのレベルの練習を継続してできるようになるぞ。そうすれば目標タイ**

**ムまで必ず到達できるから、頑張れ」**

**大切なのは自信を持って断言することだ。**

もちろんそれが根拠のないものであってはならないが、駒澤大学には20年以上にわたって積み上げてきたすべての練習のデータがある。そこには過去の選手の入部時のタイムからどんな練習を積み重ね、どんな結果を手にしてきたかがすべて残されており、今の選手がどのレベルに相当するかは、そのデータで見ることができる。

選手の特性は個々に異なるので、すべてが完全にあてはまることはないため、細かい部分で練習メニューの調整をしていくが、「これができるようになれば、この先輩に追いつけるぞ」といった声がけは、選手にとって大きなモチベーションになるようだし、そのことにより、同じかそれ以上の成長を得られるケースが多い。

*

## ››必ず目標に到達できると断言する

実際、箱根駅伝でいえばこのデータは毎年のように更新されている。それは選手のレベルアップが顕著なため、往々にして過去の先輩より今の選手のほうが速いためだ。２０２２年の箱根駅伝にエントリーした16名のうち、上位10名の１００００ｍの平均タイムは28分24秒65だった。これはすべての大学を通じて過去最速のタイムだ。そのくらい今の選手たちのレベルは高い。その際に参考にしたのがＯＢの中村匠吾の練習だ。彼はマラソンに挑戦するまでに１００００ｍや20㎞の練習を中心に強化を進めていたし、東京五輪に向けた練習でもアフリカ勢に対抗するためにスピードを維持しながら、それをマラソンに反映させる練習を続けていた。さすがに同じレベルでの練習を学生に合わせることはできなかったが、スピードを生かしながら、スタミナをつけていくという意味では、これ以上の存在はいない。大いに参考にさせてもらった。

ただ、言うまでもなくスムーズに目標達成へと向かう選手ばかりではない。途中で故障してしまったり、練習がうまくできていても試合で結果を残せなかったりする選手は出てくる。そこで、取り組んでいる練習を見直すことももちろん重要だが、日頃から諦めない心や、粘り強さも同時に育てていかないといけない。陸上長距離はすぐに結果の出ないスポーツなので、この点は重要だ。

**私は「自分で決めたことを守り通すぞ」と、普段から選手にはよく伝えている。**今日は80分ジョギングをすると自分で決めたら、体調不良などのアクシデントがない限り、それをやり通すということだ。その積み重ねが、折れない心につながってくると思う。途中でやめるのは、逃げることと同じ。チームの練習でも、一緒に走る選手から遅れた場合でも、アクシデントがない限りなるべく最後まで走らせるようにしているし、それが難しい場合は、区切りのいいところまでは必ずやるようにしている。たとえば30㎞走の途中でペースダウンした場合、「25㎞まではなんとか耐えて、頑張るぞ」という声がけをする。「30㎞走ができなかった」という事実を残すのではなく、「ペースを落としながらも25㎞まではなんとか頑張れた」という前向きな気持ちを残したいからだ。もちろん30㎞までいけなかった理由を振り返り、次の練習に生かすことは言うまでもない。

こうした**積み重ねをしていくことで、諦めない心が養われると考えている。同時にここでも「おまえならできるぞ、やれる」の言葉を私は積極的に使う**。粘り切る気持ちと走力は別物。その気持ちがあれば目標に必ず手が届くはずだ、と背中を後押しするようにしている。

## 》目標は常にイメージしやすく設定する

## 個人と組織の両方を伸ばすには

箱根駅伝で勝てなかった13年間、エースクラスの強化育成はうまくいったものの、チーム作りに失敗したことは第一章で記した通りだ。この時期はチーム全体で上のレベルの選手に合わせてしまい、疲弊してしまう選手が多く出た。その反省を生かし、今は練習のレベルを細分化し、その間の選手の行き来も流動的に行うようにしている。基本的に駒澤大学ではS、A、B、Cの4つのグループに分けて練習をしているが、たとえばスタミナがない選手は、長い距離を走る練習はBグループで行い、スピードを鍛える短めの距離の練習はAグループで行うなど選手の個性や特性に合わせて変えているかたちだ。

このやり方は以前から行っていたが、近年は選手の特性をよりきめ細かく見定め、分けるようになった。基本的に選手は能力がそれぞれに異なるだけでなく、体質や体の強さにも違いがあり、練習のやり方も同じというわけにはいかない。同等のベストタイムを持っていても練習がガンガンできるタイプと、体質的に疲れやすく、練習であまり追い込めない選手がいる。だから、同じチーム内でも選手によって多少のメニューの違いが出てくる。同じ距離を走っていても、最後にペースを上げたり、追加で1本加えたり、また減らしたりなど、**選手の特性や課題に応じてアレンジする**のである。

特にSグループは駒澤大学でも2名か3名しかいない。最もレベルの高い選手たちだが、ここまでくるとより練習メニューの個別性が高くなる。今の顔ぶれでいえば、ほとんどの練習で田澤のレベルが最も高く、当初はSグループにいる選手でも一緒にやることのできる選手は限られていた。やっても最後までついていけなくては意味がないからだ。ただときどきはチャレンジさせ、自分との力の差を感じさせることを繰り返していった結果、鈴《すず》木芽吹《きめぶき》、篠原倖太朗《しのはらこうたろう》、佐藤圭汰《さとうけいた》などはメニューによっては田澤と同じ練習ができるようになった。田澤と同じレベルに行くには**今の自分に何が足りないか、それをどう改善していけばいいかを自分で考え、自分なりに強化し、生活面を改善**した結果だろう。こうして強くなった選手は非常に頼もしく、その力は本物だ。

## ›› 個々に合わせた練習メニューを組む

またこれまでとの大きな変化は、私自身がB、Cグループにも積極的に指導するようになったことだ。かつてはそこの大部分を、コーチである藤田が見ていて、私は「自分たちの力でAグループまで這い上がってこい」という気持ちでいたが、それでは選手たちのモチベーションは上がらない。彼らも箱根駅伝を走りたいという強い気持ちで入部してきているし、それに応える義務が私にはあると今は感じている。

＊

今、駒澤大学のSの選手たちのレベルは非常に高く、Aグループも選手層が厚い。そうなると、他のグループの選手が駅伝メンバーに入るのは至難の業であり、強い覚悟と適切な目標設定なしにはたどり着けない。そのため、私は彼らにメンバー入りの道筋をより具体的に示すようになった。ただ試合での目標タイムを示すだけではダメだし、それでは足りない。大切なのは毎日の練習のなかでの指標を与えることだ。

Cグループの練習では、

「まずBグループを目指そう。そのためにはこの練習を設定タイムで継続してできるようになってほしい。そのために1回1回の練習に集中して臨もう。このなかの何人かは来月には B グループに上げたいと思っている」

こんなかたちで選手にはよく話をする。

試合での目標も大切だが、陸上競技は毎週試合があるわけではないし、しっかりトレーニングをしてこそ、その試合の結果にもつながる。**大切なのは毎日の練習に集中して臨める状況を作ることだ。そうすると選手は継続的にやる気を保ちやすくなる。「自分も頑張れば可能性がある」と思わせるのである。** B グループでも同様なことを話し、駅伝メンバー入りに必要なことを伝える。逆に A グループの選手もそこにいるからといって、駅伝メンバー入りが約束されているわけではない。練習に向かう姿勢が悪かったり、意識が低く、走りが乱れたりしてくれば、私は容赦なく下のグループに落とす。

強い個人を育てると同時に全体の底上げを図り、選手層を作る。これがチーム作りであり、どちらかに偏っては成功はおぼつかない。

私自身が**下のグループにも目を向け、メンバー入りに必要なことをしっかり説明するようになってから、それがうまくいく**ようになった気がしている。

## ≫ どうすれば上のグループにいけるかを説明する

# 速さではなく、強さを備えたチームへ

陸上長距離では選手の能力はタイムという数字で明確に表れる。なかでも1区間20㎞を超える箱根駅伝を戦ううえでは、トラック種目の10000m、ロードでのハーフマラソン（21・0975㎞）のタイムがひとつの指標となり、大会前には大学ごとの10000mの平均タイムが計算され、それが戦力として判断されることが多い。

箱根駅伝で勝てない間も駒澤大学は何度もこの10000mの平均タイムでトップだった。しかし本番ではその力を発揮できなかった。

「速さはあっても強さがない」。私はそれを感じていた。

**強さを身につけるために必要なのは適切な競い合い**だと思う。グループ分けをしての練習は前項で述べた通りだが、グループ内で誰と競い合い切磋琢磨していくかのさじ加減が重要だ。基本は実力と目標が近い者同士でグループを組む。ただタイムだけで見るのではなく、選手の特性を今まで以上に重視するようになった。

たとえば5000m、10000mといった陸上長距離の軸となる種目を中心に強化を進めるグループは、陸上競技場で行うトラックでの練習のウェイトが高い。だがスタミナを備え、長い距離が得意な選手はロードに出て、それ以上の距離の練習を中心とする。そして、ときどきトラックで行う距離の短い練習を入れていき、刺激を入れながらスピードを伸ばすのだ。この練習メニューの組み方や構成の割合が違うのである。

また、なかには1500mといった、陸上では「中距離」といわれる種目からアプローチする選手もいる。彼らはスピードを徹底的に鍛え、その延長線上に10000m、そしてロードを目指す。最終的に20㎞超の箱根駅伝を目指すにしても、そこまでの道のりはさまざまなのだ。長所を伸ばしていくという考えはもちろんだが、それ以上に**選手の特性に向き合っていてこそ、その力を伸ばすことができる**のだ。

## ≫ 同じ目標でもアプローチの仕方はさまざま

*

強さを計るうえでは、どんなレース展開をしたかという内容も大切だ。たとえばペースメーカーがいて、その背後につくと比較的記録は出やすい。しかし、駅伝となればそうした存在はいないし、力のある選手は主導権を握って、他の選手をふるい落とそうとしてペースの上げ下げをするので、揺さぶりの場面も増える。言うまでもなく、タイムではなく勝負が重視されているからだ。

ときには、終始一人で走る単独走を求められることもある。陸上長距離では基本的に一定のペースで走っているときが、一番体力の消耗が少ないのだが、多くの選手は一人で思い通りのペースを作り、維持することができない。しかし、駅伝を走るうえではこれは重要な能力だ。

そのため、練習でもそうした状況をシミュレーションして選手の特性を見極めると同時に、強化を進めていく。

前に出て集団を引っ張らせたり、一人で走らせてみたり。揺さぶりへの対応力を磨くため、数kmごとにペース変化を繰り返す練習も行う。集団のなかにいてもラストでペースを上げ、最後に引き離すといったこともする。自然条件に目を向ければ、暑さへの対応力、向かい風への対応力、上りや下りの強さなども重要なポイントとなる。挙げていけばキリがないが、要はタイムでは計れない強さを作り上げるということだ。

それが明確になると、駅伝を戦うオーダーも適材適所での区間配置が可能になるし、勝つための戦略も立てやすくなる。

もちろん本番で力を発揮できるかどうかも重要な要素だ。自己ベストは良くても、その1回だけであとは失敗ばかりの選手と、安定して自己ベストに近いところで走れる選手。どちらが信頼して起用できるかは明らかだ。

正直、ここまでに示した強さをすべて備えた選手を育成することはできない。だが**その選手の持ち味はどこにあるのか。それをどこで発揮することがチームの優勝につながるのかを考える**のだ。

**「育成」と「采配」がうまくいったときに強さを発揮する。まずはその2つをしっかり見極めることが大切**だと考えている。

## ≫ さまざまなシミュレーションで対応力を見る

## 這い上がってくる者たちの影響力

現時点で結果を残していない、これからの選手たちに目を向け、積極的に指導するようになったのは先ほど書いた通りだが、実際、私は**駅伝メンバーに入っていない選手たちを時間をかけて育て、力を伸ばす喜び**を改めて感じるようになった。

振り返ってみれば、箱根駅伝で4連覇をするようになってから、レベルの差こそあれ、高校時代に実績のある選手がスポーツ推薦で入学してくる者ばかりとなり、一般入試組はほとんどいなくなった。せっかく入ってきても走力がないため、練習についてこられないことが多く、結果的にお互いが残念な気持ちになってしまうことが多いというのが大きな理由だ。しかし、近年は「駒澤大学に入って走り続けたい」という選手はなるべく受け入れようと方針を変えた。そして、**そうした選手たちが頑張ることでチーム全体がより活性化してきた**ように思う。

彼らは通常、もっとも下のグループでの練習からスタートするが、最初はそこでもついていけないことがほとんどだ。しかし、そうした選手は高校時代に専門的な指導を受けていないことも多く、大学での練習に慣れてくると一気に力をつけてきて、短期間で別人のように変化することがある。これが私としては最高にやりがいを感じる瞬間だ。

スポーツ推薦で入ってきた選手でも、なかなか駅伝メンバーに入れないと、やる気をなくしがちな選手もいるのだが、一般入試のたたき上げがこのように台頭してくると急にあわてだす。私はそれを見ると、これまで以上に、**実績がなくても頑張っている選手に積極的に声をかける**。

「いいぞ、もっと速くなれるぞ」

そうすることで、**やる気を失いつつある選手たちは危機感を覚える**。**そうすると目に見えて練習態度が変わってくる**。このままではまずい。ますます自分が駅伝を走れるチャンスは無くなっていくと思うのだろう。そして、そうした危機感がチームを活性化させるのだ。

## ›› 選手の成長に喜びを感じる

＊

2020年度に主将を務めた神戸《かんべ》駿介《しゅんすけ》も一般入試で入ってきた選手だ。入部時のタイムも間違いなく下から数えたほうが早かったが、駒澤大学が好きでどうしてもここで陸上をやりたい、という強い意志を持って門を叩いてきた。能力は決して高くないが、「自分は絶対に這い上がっていける」という自信を持っていたおもしろい存在だった。

私の目から見るとフォームも独特だし、スピードもない。ただ泥臭く地道に走り込める選手で、その頑張る姿勢に好感を覚えた。初めは練習についてくるのがやっとだったが、陸上を第一に食事も生活も送っていたためか、大きなケガもなく強化は進み、3年時にはついに駅伝メンバーに入ったのである。

高校時代の実績で上回っていながら、いつの間にか逆転されてしまった選手も多く、神戸の成長は周りに大きな刺激を与えていた。後輩たちからも「神戸さんのようになろう」、「神戸さんができるのに俺たちができないはずがない」と言う選手が相次いで出た。その競技に取り組む姿勢は誰からも認められ、最終学年では主将を任されるまでになった。4年目は故障を起こし、残念ながら最後の箱根駅伝は走れなかったが、実業団に進んで、今も頑張っている。私としても思い入れの強い選手の一人だ。

もちろん今も一般入試の選手はできるだけ受け入れている。そして、スポーツ推薦でもすべての選手が駅伝向きというわけではなく、**最近は「育成枠」として個性のある選手を獲るようにしている。**

たとえば高校時代の選手の力のバロメータとして見られる5000mのタイムは悪くても、1500mはめっぽう速いなど「**抜きん出た何か**」**を持つ選手も獲るようにしている。努力次第で大化けする可能性を秘めているし、チームに大きな刺激を与える存在となりうるからだ。**明確な基準は決めていない。ただ私が「この選手はうまく育てたらとんでもなく伸びそうだな」と感じ、かつ練習態度や競技に向かう姿勢が真面目な選手を選んでいる。

**全員が全員、エリートである組織より、泥臭さを備えたり、個性を備えたりした選手がいる組織のほうが間違いなくうまくいく。**私はそれを実感している。

## ≫可能性を秘めた存在が組織に刺激を与える

# まずは選手に任せてみる

選手とのコミュニケーションを重視するようになると、彼らも積極的に自分の意見を言ってくるようになった。練習メニューも、こちらの提案に対し「僕はこうしたいと思います」と言ってくる場面が増えた。

こちらが何を言っても空返事だけして、何を考えているかわからない選手より、こうして自分の考えを言ってくれるほうがありがたい。基本的には彼らの考えを重視したいが、ときには「明らかにそれは違うな」と思うこともある。

以前であれば頭ごなしに否定したが、最近は「**わかった、ならば少しやってみろ**」と**やらせてみる**ように変えてみた。

たとえば自分のやりたい練習メニューがあると言ってきた選手には、2週間ほど好きにやらせてみる。そうすると、うまくいかない選手は「やっぱり監督の言う方法にします」

と言ってきたり、「やってみたけれど、どうもうまくいかないんです。どうしたらいいですか？」とアドバイスを求めてきたりする。

一度、自分でやってみたことで感じたものがあるのだろう。そこから先はこちらの意見にも耳を傾けてくる。

かたくなに意見を曲げない選手もいる。それでうまくいかなくても自分で言い出したこともあり、引くに引けず、意地になってしまう者もなかにはいる。やりたい練習を自分で決めたはずなのにそれがこなせなかったり、続かなかったりしても、そのまま中途半端にダラダラと続けるケースだ。そのときは叱らないまでも注意は促す。

「自分で決めたことはやり通せ。逃げるな」

ただ、さすがにそのままにしておくわけにもいかないので、早めに軌道修正をする。**なぜこの練習をするのか。どんな狙いがあるのか。その結果、選手にどうなってほしいのかを切々と説明する。**

これも以前であれば省いていた部分ではあるが、この説明は今は絶対に必要だと思う。**選手が心から納得しない限り、心にわだかまりが残る**からである。そんな状態で練習をしても効果は期待できない。

結果的には初めから強制的にやらせたほうが無駄な時間がないのだが、選手たちはまだ大学生であり、こうしたことも重要な経験だ。**人は失敗から学ぶものである。失敗しないに越したことはないが、そこで試行錯誤しながら学び、成長してくれればいい**と私も思うようになった。

＊

## ≫ 自分で決めたことはやり通させる

何を言っても反応しない。不満がある表情を見せ、態度で反発してくるのに、何も意見を言ってこないタイプもいる。それも自分のやり方に固執する選手と同じで、結果が出ていればいいのだが、やはりこうした選手はうまくいかない場合が多い。そんな選手はあえてこちらから距離を置く。「気のすむようにやってみなさい」という意思表示だ。

そんなとき、ここまでに述べた通り、**下から上がってきた、たたき上げの選手へ目を配る時間を増やし、皆の前で褒める**。その結果、反発する心を練習にぶつけ、這い上がってくる選手もいる。自信をなくしてしまう者もいる。**最終的にはこちらから声をかけて救**

**っていく**のだが、できれば自分で気づき、考えて行動を改めてほしいと思う。

強くなる選手の条件のひとつとして、自分の考えだけにこだわらず、周囲の意見に耳を傾けられるというものがあると思っている。私やコーチのアドバイスを聞き、それを全力で実行できるタイプであり、簡単に言えば「素直な選手」だ。

そのうえで自分なりに何か気がついたことがあったり、別の方法があると思ったりすれば、それをこちらに伝える姿勢も持っていてほしい。それは「自分で考える力」であり、「コミュニケーション能力」だ。ここまでに記している通り、そうした意見を私は歓迎している。

**泳がせるというのは、自分で考え、試す時間を与えること。そして、こちらの話を聞きやすい状況を作る狙いがある。**時間はかかるが、答えはすぐに出さないほうがいい場合があると感じている。

## »強くなる基本は「素直に聞く耳を持つこと」

# 強いチームにはどんな選手が多いか

駒澤大学陸上競技部の寮は、2017年に現在の地に移転した。設備が古くなったり、部員全員が入り切れなかったりなどの理由によって新設したのだが、私が指導を始めてからこれが3つめの寮になる。この引っ越しを機に、周辺地域への清掃活動を始めた。1カ月に1回、寮のそばの草むしりや、周辺道路、公園のゴミ拾いを、学年単位でグループに分けて行っている。

これは「50名もの大学生が住宅街のなかのひとつの建物で集団生活をしていて、周りに住んでいる方たちは気味悪く思っているかもしれない。なおかつ毎朝早くから走っている。迷惑をかけているのだから、少しでも近隣住民の皆さんのお役に立ちたい」という私の思いから始めたもので、以前はやっていなかった。

この取り組みを行うなかで、選手たちも周りへの感謝の意識が芽生えてきたように思う。

**自分たちは一人で競技ができているのではなく、周りの理解や協力があるからこそなんだ**という声が自然と上がってきた。

そもそも大学で陸上競技ができるというのは、さまざまな人たちの理解と協力があってこそ。親御さんはもちろん、ここまで指導していただいた中学や高校の先生に加え、チームでもマネージャーが支えていてくれるし、ケガをしないためにトレーナーさんもケアをしてくれている。そこへの**感謝の気持ちを忘れてはいけない**と思うのだ。

周りのために頑張る。これはとても重要なことだ。**強いチームの条件のひとつに、チームの目標に向かって全員が一致団結できる**というものがあるが、戦前から箱根駅伝に出ているような伝統校や連覇をするような大学は、この「チームのため」という意識が徹底されているように思う。自分のためではなく、周りのためにという利他の心が根付いているのだろう。

駅伝を走っているときでも、

「次の走者に楽をさせるために、ここで踏ん張ろう」

「少しでもリードしてタスキを渡せば、優勝に近づける」

こうした意識が結果に大きく影響する。

どの選手も自分の夢の実現のため、そしてチームや仲間のために走るという2つの思いを持って試合に臨むが、本当に苦しくなったときに、どちらの思いが勝ったほうが力が出るかを考えると、それは間違いなく後者だと思う。**人間は自分のためより周りのためのほうが頑張れる**。

これはスタッフとて同じことだ。私の近くではスカウト担当の佐藤が日本中を飛び回っている。その努力に報いるために、私は「入部してきた選手を一生懸命に育てよう」と思うし、佐藤も私のため、チームのためと思って頑張ってくれている。こうした**利他の気持ちが重なり合って、チームは成長し、強くなるのだ**。

## ≫ 苦しいとき、「仲間のため」だと力が出る

**周りのために頑張っていけば、いざというときに力が出る。そして巡り巡って自分にも返ってくる**。そう思ったのは2021年の箱根駅伝の後だった。

＊

総合優勝を成し遂げたものの、新型コロナウイルス感染拡大の影響でフィニッシュ地点

の東京・大手町での胴上げが禁じられていた。そのため、レース直後にゴールでは喜びを表すことができず、寮に戻ってきてから、改めて私は胴上げをされた。まだ明るい時間だったし、周囲に配慮してこじんまりと喜び合ったのだが、さすがにその声が聞こえたのか、周辺の家やマンションに住んでいる方たちが外に出てきて、一緒になって喜び、祝福の声を上げてくれたのである。

私は心から感激した。自然と周りに向かって、深く頭を下げたのだが、すぐに選手にこう話をした。

「正月の松の取れないうちにこんなことをしたら、普通は苦情が来るんだぞ。ただ、日頃の清掃活動で私たちの気持ちを理解してくれ、応援してくれるようになったんだ。周りの役に立つ行動をすることがどんなに大切なことかわかるだろう」

この経験は箱根駅伝の優勝と同じくらい、選手とって貴重なものとなったはずだ。

## 》日頃の行動を周囲は見ていると心得る

## 準備と振り返りの重要性

選手を叱る機会が減ったが、それでも**叱るべき場面では叱らなければならない**。改めて自分はどんな場面で一番叱っているかなと考えたとき、**選手が準備の重要性を理解せず、行動しなかったとき**だと気がついた。

陸上競技の練習は、基本的に週に3回程度の、ポイント練習という負荷の高いトレーニングをいかに消化していくかにかかっている。長い距離を走ったり、レースに近いペースで走ったりなどのメニューだが、これらはしっかりとした準備をして、万全の状態を作らないと狙い通りに走ることができず、結果として練習の効果を得られない。

そのため私はポイント練習日の朝練習を重要な観察の場としている。

疲労感はないか、動きはどうか、本人の意識は高まっているかをチェックする。集中している選手はこの段階で緊張感をみなぎらせているので、特に問題ないのだが、なかには意識が低く、ダラダラとしたジョギングをする者もいる。あまりにひどいときは、この時点で午後のポイント練習のメニューを変えることもある。それは、そんな状態でやっても意味がないからだ。だが基本的にはここでも様子を見続ける。

その後の食事、そしてウォーミングアップと準備を進め、ポイント練習に向かう。そこでの走りが良かった者はなぜ良かったかを考えさせ、ダメだった者も同様に考えさせる。

**1回で叱ることはあまりないが、続くようだと叱らざるを得ない**。

たとえば距離走という25㎞、30㎞を走る練習をする前に、食事をしっかりとっていなければエネルギー切れを起こすことがある。気温が高い日は練習前からこまめに水分をとっていないと、脱水症状を起こすだろう。これらはすべて準備不足の結果であり、決して能力の低さではない。だから私は叱る。

**準備不足とは意識の低さに他ならない**。**これは陸上競技に限らず、すべてのことで言える**のではないかと思う。ビジネスマンが重要な商談やプレゼンがあれば、それに向けて甘い準備で臨む者はいないはずだ。こうしたミスを、入部間もない選手がするのであれば仕方ない。

競技者として必要な知識ややるべきことは1、2年生で繰り返し教え込んでいる。だから、3、4年生ともなればできなければならない。この普段のポイント練習に向けた準備を繰り返すなかで、試合に向けた自分なりのコンディショニングを学んでほしいのに、上級生でこうした状況に陥るのは、やはり意識が低いと言わざるを得ない。

逆に言えば、**しっかり準備し、練習も狙い通りにこなしてきたのであれば、それを自信にして試合に挑むように選手には伝えている。**

「ここまでの練習は完璧だ。力を出すための方法ももうわかっているだろう。練習通りに走れば絶対に大丈夫だから、堂々と走ってくればいい」と送り出す。

＊

## 》準備の重要性は叱ってでも教える

しっかりとした準備をして、練習を消化する。それは当たり前のことかもしれないし、事実、ポイント練習は、週に2回、3回と行うために、日常的なこととなっている。

私はそれができた選手には、練習の振り返りを行う場面で、なるべくねぎらいの声をかけるようにしている。そして、この**振り返りで自分がなぜうまくいったかを考えること**

**が、自分の体を知り、そして次の練習に向けた準備へとつながる。**

それでなくとも、私たちの取り組んでいる陸上長距離は非常に厳しいスポーツだ。朝は早いし、毎日、体の疲労感と戦い、いかに良いコンディションを作るかに毎日を費やしている。遊びたい盛りの10代後半から20代前半の若者が脇目も振らずに取り組んでいるのだ。試合で得られる達成感が何よりの報いであり、喜びではあるのだが、途中で達成感がなくてはさすがにやっていけない。**少しずつでも「自分はできた」というものを積み重ねていくことが大切だ。ここも私が最近、変化した部分で、なるべく褒めて選手たちが自信を感じられるようにしている。**

成功した者は「なぜうまくいったのか」を常に振り返り、「自分に合った準備の仕方」を身につけてほしいと考えている。それが「自分はやれる」という自信となり、その積み重ねが確信へと変わるのだ。

## 》日々の練習で自信を積み上げさせる

# なぜ規則正しい生活がすべての基本となるのか

これは以前から選手に言い続けていることだが、規則正しい生活の大切さを教えることは、特に最近、力を入れている。前項で述べた準備に直接つながる部分であり、競技者の意識が問われる部分だ。

これは私の経験に基づくものでもある。

私は24歳で駒澤大学の夜学に入ったとき、昼間は川崎市役所で働いていた。1日のスケジュールは7時に起床、8時半までに出勤し、昼休みに8㎞のランニングをし、16時30分まで勤務。そこからトレーニングをして、18時から21時30分まで授業を受けていた。その後、食事や入浴、洗濯などをして午前1時に寝る生活で毎日これを繰り返した。

決して楽ではなかったが、1日のスケジュールを決め、分刻みで規則正しく行動する生活は競技力の向上にはプラスになったと思う。短い時間だからこそ集中するし、試合から逆算するなか、その短い時間で何をすべきか、優先順位をつけて明確に定めることもできる。**今置かれた状況で、工夫し、集中し、継続する。これは競技力を伸ばしていくうえでの基本的なスタイル**だと思う。

今、駒澤大学陸上競技部は朝5時45分に集合し、朝練習を行う。朝食は7時30分から8時までの間に食堂で食べて、その後、大学へ授業に行く。午後は15時30分だったり16時30分だったりと授業の終わりに合わせて、再度集合して本練習に入る。夕飯も時間は決まっており、消灯は22時だ。

**規則正しい生活で体調を整え、リズムを作る。これもスポーツに限らず、どんな職種でも最大限のパフォーマンスを発揮するために必要なこと**だろう。

アスリートとして体を回復させるためには栄養と休養が必要だが、食事のタイミングを決めておけば、消化への負担が少なくなるし、就寝時間も決めておけば、リズムを作りやすい。

そして、言うまでもなく大学に行くことも生活の一部であり、私はこの点についても厳しく目を光らせる。

チームとしての一体感を作るにあたっても、こうした時間管理は有効だろう。皆で同じ行動をすることで仲間意識が芽生えていくためだ。

## ≫すべては最大限のパフォーマンスを発揮するため

＊

1、2年生の間は大学の授業も多く、毎日通学することが必要だが、4年生になると、それまでにしっかり単位を取っていた者は、あまり大学に行かなくても済むようになる。時間に余裕が生まれたときこそ、それを有意義に使ってほしい。

たとえば実業団で競技を続ける場合、午前中は会社に出勤し、そこで勤務するケースが多い。それを想定すれば、大学4年生になって時間があるからといってダラダラと過ごしてはいられなくなる。

**先を見越したシミュレーションをここでしておくべきだろう**。私は寮生活で選手の部屋のなかまでは覗かないようにしているが、意識の低い選手は練習の集合時の動きや表情でわかる。緊張感がなく、集中している様子が見られないからだ。

「ああ、今まで昼寝でもしていたんだろうな」

そう一発で見抜ける。もちろん空いている時間はずっと勉強していなさいと言うつもりはない。だが最低限、練習への準備をしっかりして臨むことはできるだろうし、体のケアにあてることもできる。

もちろん時間があることを生かし、実業団の練習や合宿に行ったりできればベストだ。この**空いた時間に何ができるかは、選手の意識を問う意味でも、ひいては選手の能力を見極めるうえでも重要なポイントである。**

**規則正しい生活を維持していると体調の変化に気がつきやすく、また余計な誘惑に惑わされる機会も減るだろう。**

寮生活のリズムを作るというのは、強いチームを作るための土台だと考えている。

## 》空いている時間で何ができるのかを考えさせる

第四章

# 人作り・組織作り

## 選手の勧誘で意識していること

待っているだけでは優秀な選手は集まってこない。**私が指導したいと思う選手は積極的に声をかけ、こちらから入学を勧めるようにしている。**この選手勧誘は非常に重要だ。チームとして考えれば、**有力選手が入ってくれれば戦力強化は進み、同時に部内のメンバー争いも活性化する。**勧誘は高校生である彼らの競技人生、ひいては卒業後の進路にまで影響することなので、こちらとしても緊張感と責任感を持って臨んでいる。

欲しいと思う選手を勧誘する際、何より大切なのは熱意を示すことだと考えている。「この選手は将来、伸びる」と思う高校生がいれば、まず高校の先生を通じ、声をかける。「誰よりも早くから君に可能性を感じていた」と伝えることは、相手にとって嬉しくないはずがない。選手を育成するにあたり、「観察する重要性」はすでに述べたが、それはチームの外に出ても同じことで、選手の潜在能力を見極めるためにも、各地の高校生の試合になるべく出向き、自分の目で確かめるようにしている。

そのうえで**こちらの本気度を示すため、本人のところに何度も足を運ぶことが必要だ**。「実際に会って話をしてみたい」と思う選手がいれば、すぐにその学校に行く。そこで実際にどんな練習をしているかを見学し、高校の先生に走りの特徴や性格、将来どんな選手を目指しているのかまで聞きだす。その選手のこれまでの背景や考え方を知るためだ。そして直接、選手と話すだけではなく、親御さんとも話をする。相思相愛で一度で話がまとまることもあるが、そんなケースは決して多くなく、繰り返し、話をしにいくことで相手もこちらに心を開いてくれるようになる。

早くに声をかけ、何度も足を運ぶことが基本だが、こちらに興味を持ってもらわなければ意味がない。**私はその選手がどんな目標を持っているか、時間をかけて聞くようにしている**。高校生であればたいていは「箱根駅伝を走りたい」、「箱根駅伝で優勝したい」という目標を持っているので、**それに対して、いかにしてたどり着くかという具体的な方法を示す**。私の視点から見たその選手の強み、課題を示し、どうすれば力を伸ばせるか、どんな選手になれるかを実際の練習メニューや育成計画はもちろん、過去の選手がどうやって強くなったかを伝えていくのだ。同じ高校から進んだ先輩がいれば、その話ももちろんする。こうすることで実際にイメージしやすい状況を作るのである。ただ漠然と「一緒に強くなろう、箱根駅伝を目指そう」と言っても、聞いている相手の心には何も残らない。

＊

## ≫目標への具体的な道筋とビジョンを示す

能力の高い選手であれば、目標や夢を広げてあげることも大切だ。

高校生では「箱根駅伝」という目標の先がなかなかイメージしづらいが、力を伸ばせば卒業後、マラソンで日の丸を背負ったり、日本記録を目指したりという大きな目標も立てられるはずだ。あまりに高すぎる目標だと現実味がないが、潜在能力が高いと私が見抜いた選手にはそうした話をするし、そこまでいかなくても、今の目標よりやや高い目標を示すことを、たいていの高校生にしている。箱根駅伝出場を目標にしている選手には、

「このくらいのレベルまでたどり着けば、出場するだけでなく区間賞が狙える」

「大学の間にこのタイムが出せれば、実業団でも自信を持って競技が続けられる」

と、**できるだけ具体的なビジョンを示すのだ。少し高い目標を段階的にクリアしてい**

**くことで大きな夢に近づけるということは、早くに伝えておく意味があると思っている。**

ただどんなに熱心に話をしても、気持ちがこちらに向いてこない選手がいるのも事実である。たとえば大学のブランドへのこだわりが強かったり、指導者としての私に魅力を感じてくれなかったりするケースだ。そのときは仕方がない。縁がなかったと思って私もスッと身を引く。**どんなに力のある選手であっても、入学後に前向きに競技ができず、また私との信頼関係が築けないのであれば、お互いが不幸になる**からだ。言うまでもなく、こちらから入学をお願いすることはない。

最終的に私のところにきて伸びる選手は、「駒澤大学でどうしても競技をやりたい」、「大八木監督の指導を受けたい」という強い意志を持ち、覚悟を決めてその気持ちを言葉にできる選手だ。勧誘する前からそういう選手もいれば、その言葉を引き出すこともある。**熱意を持って誘う。目標への具体的な道筋を示す。さらに目標の先にまでイメージを広げてあげる。それが選手勧誘で最も重要なことだ。**そうした熱意を持って声をかけ、その言葉に自分の夢を重ねられてこそ、大学での4年間を頑張れるのだと考えている。

## ≫ 自分の意志を言葉にできる選手が伸びていく

## 4年間での育て方のステップ

入学してきた選手をどう育成していくべきなのか。私は大学1、2年生と3年生以降の選手では基本的に指導の方針を大きく変えている。

1、2年生は知識を身につける時間だ。特に1年生は住む環境も変わり、大学という新たな場に足を踏み入れることで、生活スタイルが大きく変わり、競技の面でも練習量が一気に増える。過去に経験したことのない状態に置かれると言っていいだろう。このタイミングで自主性を重んじ、自由にやらせる時間を作っても、彼らは何を頼りにしていいかわからないことが多く、間違った方向に進み、取り返しのつかない故障や失敗をしてしまうリスクもはらんでいる。

そのため、入学してから2年間は競技者として必要な心構え、目標の立て方、練習の方法やバリエーション、練習後の疲労の抜き方やコンディショニング、試合への調整など、あらゆることを教え込んでいる。練習に関してはある程度、メニューもこちらで決めたものが中心だ。**まずは土台となる知識や考え方を学ぶために、こちらも手取り足取り、細かく指導している。**

**これらを自分の「引き出し」にできるかどうかで、その後の成長は大きく変わってくる。**ただやらされているだけではダメで、選手は「なぜこれをやるのか」といった疑問を常に持つようにしてほしいという話もしている。寮では私の妻が栄養の勉強会も行っており、生活面で正しい知識を得たり、習慣を確立したりすることにも努めている。

一方、3、4年生になるとそこまで細かい指示は出さない。以前もこの方針を取っていたが、それは一部の有力選手だけだった。今はどのレベルの選手であっても、ある程度は選手の考えに任せるようにしている。私から言われたことを繰り返して結果を出すより、自分で考え工夫したことで試合でうまく走り、自己記録を更新できたときの喜びのほうが大きいと思うようになったためである。1、2年生で学んだことをベースに、自分なりのやり方を考えて競技に向き合い、次につながるかたちを作り上げてほしいと思っている。

特に卒業後も競技を続ける意志のある者は、この後半2年間が重要だ。社会人での競技は一般に実業団と呼ばれるが、そこの指導者は高校、大学とは異なり、選手を大人として扱い、基本的には細かい指導は行わない。練習メニューも自分で考えなければいけない場面が格段に増え、自力で力を伸ばしていく必要がある。それができないと、大学時代に華々しく活躍しながら、卒業後はさっぱり結果が出ないという事態に陥ってしまう。それは本当の意味での自主性が身についていない証拠だ。卒業後の活躍は、1、2年生で学び、3、4年生でそこから自分なりの方法を作り上げられるかにかかっている。

## ≫ 自分の「引き出し」を多く作らせる

＊

改めて強い選手の条件を考えてみたい。

**強い選手とは、自分の強みや弱みなど特性を理解し、それをどうやって伸ばしていくかを自分で考え、実行し、ときに振り返って修正しながら前に進んでいける選手**だと思う。**指導者のアドバイスを素直に聞き入れて、それをただやるだけではなく、指導者が言った以上のことをくみ取り、自ら進んでやる意識を持てるかどうか。**一流と二流を分ける差はまさにここだ。

東京五輪男子マラソン代表の中村匠吾はまさにこれができる選手だった。私からすべてを吸収しようという姿勢を持っていたことに加え、自分の武器であるロングスパートをいかに伸ばしていくか、弱みであるスタミナやハイペースを持続させるスピード持久力をいかに改善するか、真正面から自分自身に向き合って取り組んでいた。田澤もそうだ。彼は向上心が強く、常に私の与えたメニュー以上の設定ペースで走ろうとするため、私が練習を抑える場面も多く、どんなときでも目指すレベルが非常に高い。

陸上の強さや速さは先天的な能力によるところが大きいし、どんな場面でも力を発揮できるメンタルの強さや体の丈夫さ、タフさも必要だ。これも持って生まれたものが左右するだろう。だが、**どんなに恵まれた心身の能力を備えていても、「自分で学び、考える姿勢」がなければ、高いレベルまでいくことはできない**。

そのためにも、基本はやはり正しい知識を最初にしっかりと身につけることだ。まずは素直な気持ちで学び、そして、その後は自分で考えられるように。一から十までこちらが教えないといけないのではダメだ。その習慣をつける4年間にしたいと私は考えている。

## ››› 言葉以上の意味をくみ取らせる

# エースとは育てるものである

どんなスポーツにもエースと言われる絶対的な選手がいる。エースとは試合の流れを手繰り寄せ、劣勢のときには巻き返せるだけの力がある者を指す。

駅伝も同様で、今やエースなくして勝負に勝つことはできず、彼らは「ゲームチェンジャー」と表現される。自分のペースで走るだけでなく、状況に応じて前を追ったり、後ろを引き離したりするのだ。そうしたスペシャルな存在は天性の才能によるところが大きいのは事実だが、**私はエースとは育てるものだとも考えている**。

走力だけでなく、競技者として模範的な態度を示すことで、周囲の選手に「少しでも前の位置でエースにタスキをつなごう」、「エースがあそこまで頑張っているのだから、自分も負けない走りをしよう」と思わせることが必要だ。強いエースがいても周りがそこに依存し、レースで力を発揮できなければ勝利は狙えないし、そんなチーム作りは失敗と言える。**周りの力を引き出してこそ、本物のエース。**そう私は考えている。

そのため、**日頃から私はエース候補にはいろいろな場面で試練を課すようにしている。**練習に臨む姿勢はもちろん、練習中でも簡単に周りの選手から遅れるようなことはあってはならない。寮内の生活態度ももちろん重要だ。食事も睡眠も競技者として何がベストかを考え、行動できるように指導している。

そして**何より重要なのがメンタル部分。自分がチームを引っ張るんだという強い意志を持つように普段から彼らには求める。**練習でも周りが苦しいと感じる場面で、自ら前に出てペース管理の役目を担うのもそのひとつだ。初めは私から尻を叩かれてやっていたとしても、それを自分からできるようになると本物のエースに近づいていく。こうした気持ちの強さがエースの条件だ。

## 》》エース候補にはいろいろな試練を課す

＊

箱根駅伝でいえば、やはりエースは2区を担ってほしい。

2区は23・1㎞と全区間を通じて最長の区間だ。途中、15㎞付近に権太坂《ごんたさか》というアップダウンがあり、最後の中継所の前には長い上り坂が待っている。箱根駅伝きっての難易度の高いコースといえるだろう。私自身もここを走った経験があるから、その難しさ、キツさは理解している。

そして将来、マラソンを目指す選手は早めにこの2区を経験することが後々に生きてくる。それは中盤で粘りが求められ、最後に最も苦しい場面が待っているというマラソンの厳しさに似たコースだからだ。実際、歴史を振り返っても、瀬古利彦《せことしひこ》氏など、多くのマラソン名ランナーがこの2区を走り、世界の舞台へと羽ばたいていった。

近年では箱根駅伝の戦い方も多様化してきて、ここにエースを置かないことが増えた。たとえば3区は平坦でトラックで活躍するスピードランナーが力を発揮しやすいコースのため、2区までをなんとかしのぎ、ここにエースを置き、一気に上位戦線に食い込むことを狙う大学は多いし、実際に駒澤大学もそうした戦略を取ったこともある。だが私の持論は「エースは2区」。それは変わらない。ここを志願して走る気概を持ってこそのエースであると思うし、それができてこそチームは盛り上がるのだ。

仮にエースが「自分は2区ではなく、もっと自分の力を発揮できるところを走りたい」、

「2区は留学生が走ることが多いので、区間賞を狙えないから嫌だ」、こう言ったら他の選手はどう思うだろうか。チームとしての士気が下がることは間違いないだろう。

そのためエースとして考えている選手はもちろん、将来、エースになってほしいと期待をかける選手には夏合宿の段階から「2区を走る準備をするんだぞ」と伝えている。実際、私が指導を始めてからも宇賀地強、村山謙太《むらやまけんた》などは、1年生からこの2区を走った。もちろんそこをしっかり走れるだけの力があったのは言うまでもないが、育てていく意味合いも多くあった。**箱根駅伝は勝負の場であると同時に、世界へ羽ばたく選手の育成、強化の場であることを私たちは忘れてはならない。**

＊

## ≫ 難しい任務でエースを活躍させる

エースと呼ばれる選手はその能力の高さから、必然的に駅伝以外でも活躍の場が生まれてくる。一番わかりやすいのが、トラック種目の日本選手権だ。オリンピックや世界選手権の日本代表選考レースとなるこうしたレースに出られる資格を持ち、そこで実業団選手と互角以上に戦うことで、他の部員にも大きな刺激となる。実際、2021年の日本選手権では10000mで田澤廉が2位、鈴木芽吹が3位に入り、オリンピック代表選手の背中に僅《わず》かにまで迫った。そして田澤はその後も力を伸ばし、2022年には世界選手権にも出場し、日の丸を背負って走っている。

こうした結果は本人たちに自信を与え、さらに高みを目指す意識が高まるだけでなく、他の部員に与える影響も大きい。同じチームに日本トップクラスの選手がいて、練習だけでなく日常の姿を見られるのだ。学ぶ点が多いのは言うまでもないだろう。事実、鈴木は入部以来、田澤の背中を追いかけ続けたことで、肩を並べて走れるまでになったのだ。

**エースとは自らが高い目標を持ち、広い世界で戦う姿を見せると同時に、他の部員の目指す目標とならなければならない。**だからこそ成績だけでなく、真摯に競技に取り組む姿勢が求められるのだ。ここまでの話で「走力が高い＝エース」ではないことがご理解いただけるだろう。駒澤大学ではエースに対してはエースとしてのふるまいを求め、育てていく考えを持っている。

## ≫ エースには自ら高い目標を目指させる

## キャプテンに必須の資質とは

**主将（キャプテン）はエースとなる部分はあるものの、また違った役割も求められる。ここに最もふさわしい選手とは、走力と言葉の両方で周りを牽引できる選手。**チームに厳しさや緊張感を与えると同時に、厳しい練習のときや、結果が出なかったときに明るく前を向き、勢いをつけ、盛り上げることが仕事である。

キャプテンにはリーダーシップの取れる人材を、私が毎年指名している。監督である私と選手全体の間に入り、チームをまとめていく役割を担うが、重要なのは、私の言ったことを選手に伝えるだけの存在ではその務めは果たせないという点である。

2021年度はエースである田澤に任せた。まだ3年生だったが競技成績で圧倒的に抜きん出ているだけでなく、強くなるためには何をすべきか、何をしてはいけないか、自分なりの考えを持っていたため、彼なら大丈夫だろうと判断したのだ。

もちろん彼もまだ完璧ではないし、未熟なところも多くあったのだが、ミーティングなどで、なるべく自分の考えを発言するように求めた。「監督はこう言っていた」ではなく、「監督はこう言っているが、自分はこう思う」という自分の意見を積極的に話させるようにしたのだ。

またメンバー争いに加われない選手たちの底上げを進めるよう、彼に頼んだこともある。彼が3年生であることは関係ない。

実際、田澤は練習中はもちろん、それ以外の寮生活や食事の場面などで、チームの多くの選手に積極的に声をかけてくれるようになった。

ただ田澤も一度、「何度言っても、言うことを聞いてくれない人がいるんです。もう僕は注意しません」と弱音を吐いたことがある。可哀想だなと思ったが、「ここで投げ出すようではキャプテン失格だ」と突き放した。なぜ、言うことを聞いてくれないのか、相手の言い分を聞いたうえで、伝え方を考えながら、チームがうまく機能するように改善させなければならない。

もちろんそれは大変な仕事であることを私も理解しているが、それも彼にとっては組織を統率する方法を学ぶ経験だ。**自分のことだけを考えて競技生活を送るのではなく、自**

**分以外が何を考えているかを知り、それをまとめていく術を学ぶことは学生のうちにぜひやっておくべき**だと私は思う。

特に将来、指導者になりたいと考えている選手には、こうした機会はいい勉強の場となるだろう。これも人作りのひとつだ。

## ›› 自分の意見を伝えられてこそのキャプテン

*

キャプテンは基本、エース格に任せることが多いが、仮にエース格が2人いる場合は、3番手以下の選手を指名するようにしている。それはエース格の片方に任せると負担に差ができてしまうためである。

繰り返しになるが、キャプテンになるとチーム全体に目を配ることが求められ、自分のことだけを考えていればいいというわけにはいかなくなる。

過去に2人のエース格がいたとき、その片方にキャプテンを任せたところ、両者の間に力の差が生まれてしまったことがあった。キャプテンがチームのことに目が向き、自分の練習に集中できなかったのである。

こうした場合、エース格ではなくてもしっかり自分の言葉でチームをまとめられる選手で、かつ真摯に競技に取り組んでいる者、私とコミュニケーションを取れる者をキャプテンとして任せる。

全体を俯瞰し、公平な目線を持ってチームを見られればベストだが、それはやっていくなかで私が教え込める部分だ。

この素養さえあれば走力では引っ張れなくとも、それで十分にキャプテンは務まる。過去には箱根駅伝を走れずに終わったものの、立派にキャプテンとしての務めを果たした者が数多くいる。

またチームのキャプテンとは別に、秋の駅伝シーズンになると〝駅伝主将〟という役目も作るようにしている。

これは走りでチームを引っ張るべき存在だ。キャプテンが駅伝メンバーに入れないときはもちろん、いたとしてもガッツのある選手を選ぶようにしている。特別な役目はない。駅伝メンバーのみが集合した際に、しっかり勝利への情熱を言葉にできる者、そしてレースで悪い流れを断ち切ったり、勝負を決める走りをしたり、戦況を大きく好転させることが仕事だ。まさにエースであり、その年の駒澤大学の中心選手を指していることは間違いない。

**ここまで主将、駅伝主将に求める要素や役目を記したが、「言葉にできる能力」というのはどちらにも必須ということだ。皆の前で発言できる度胸や、自分で感じたことを的確な言葉で伝えられる力を指すが、その前提として自分で考える力が求められるのは言うまでもない。**

競技力だけでなく、人間力を磨く場としても、こうした立場に就くのは学ぶことが多いと思う。

## 》言葉で伝えられる存在を引き上げる

## マネージャーとはどういう存在か

マネージャーの存在についても触れておきたい。彼らは学生であるものの、選手と私の間に立つ存在で、スムーズな部の運営のためには重要なポジションである。だが、私の感覚としては選手寄りではなく、私に近い存在であり、**マネージャーのなかのリーダーである「主務」はまさに私の右腕だ。**

入学時からマネージャーを希望して入部する者もいるが、実際は選手として結果が残せずマネージャーに転向する者が多い。どんなレベルの選手であってもやる気さえあれば指導を続けるが、2年目までで思うような結果が残せず、かつ事務処理の力がありそうな者には私から打診をする。

「チームのために頑張ってみないか？　私のそばで部の運営や管理の仕事を一緒にすれば、社会に出る前にいい経験になるぞ」

実際、駒澤大学のマネージャー経験者は、実業団でもマネージャーを続けている者が多く、**その経験を積んだ先にコーチとして選手を指導する立場になった者もいて、卒業後もさまざまなかたちで活躍している。**

だが、多くの者は私からの誘いに首を縦に振らない。もちろん気持ちはわかる。自分が走りたくて、箱根駅伝に出たくて、駒澤大学に入り、そこまで頑張ってきたのだ。どんなにケガで走れなくても、記録が伸びなくても、簡単には受け入れられないのだろう。マネージャーの重要性は誰もが認識しているが、すぐに返事できる者はほとんどいないし、実際にマネージャーに転向してからも、はじめはなんとなく、動きが鈍い。なかなか前向きな気持ちになれないのだろう。

しかし、私も向いていない者には声をかけない。その子の良さを生かし、伸ばすためのマネージャー転向という意味合いが強いため、それに気づかせるように仕向けている。たとえば資料を作るのが得意だったり、周りのことがよく見えていたりといったところだ。私が何を考えているか、素早く察知し、先回りして行動できる者もいる。最近ではそんな選手には冗談めかして、2年生の終わりを待たずして、早くから声をかけている。

「俺が言おうとしていることを、言う前に理解できるなんてすごいな。マネージャーに向いているよ。どうだ？　やるか？」

「やめてください。もう少し選手としてやらせてくださいよ」

そんな会話を食堂でしたりする。もちろん本気ではないし、マネージャーはそんなに簡単な覚悟で務まらない。しかし、**マネージャーになるのは決して悪いことではない**と浸透させたいから、このようなコミュニケーションをとっている。

## 〉〉役割を与え、やる気を引き出す

＊

2021年の箱根駅伝優勝時の主務は青山尚大《あおやまなおと》という者だった。もともとは選手だったが、なかなか結果が出ず、3年目からマネージャーに転向した。やはりその3年目は気持ちが乗らず、ミスばかりして、私によく叱られていた。しかし彼は暗算の能力に優れており、駅伝のレース中でも選手のラップタイムを読み上げ、「このペースでいけば、3分後には前をいく選手に追いつきます」と、私が聞く前にどんどん情報を伝えてくれた。私はそこを褒め続けた。「すごいな。こんなマネージャーは初めてだぞ」。

自分の力を認められて自信を得たことに加え、人のために働く喜びを知り、選手時代には実感できなかったチーム内での居場所を見つけたのだろう。4年目はいきいきと仕事をするようになった。それまでは自分が走力で劣っていたためか、駅伝メンバーにも遠慮がちに話しかけていたが、対等に付き合うようになり、最終的には「ダメなものはダメだ」としっかり意見を言えるようになった。そして、チーム内の誰からも尊敬されるまでになった。箱根駅伝の優勝の陰には彼の活躍があったことは間違いない。きっと彼も選手として箱根駅伝を走りたかっただろう。だがその思いを胸にしまい、新たな役割を担い、全《まっと》うしてくれたのだ。例年、私は箱根駅伝の10区でフィニッシュ地点が近づくと、一緒に運営管理車に乗っている主務にマイクを渡すようにしている。

「最後に、おまえが思いを託した選手に声をかけてやれ。そして、箱根路におまえの思いを刻め」

4年生の主務のときだけで、3年生が主務のときはやらせていない。この優勝時にも青山にマイクを渡した。**私とチームを支えてくれた者のこれまでの労に報い、最後はスポットライトを当ててあげたい**というつもりでマイクを渡している。

## ≫ 陰の功労者に光を当てる

# 明確なチームカラーを発信していく

駒澤大学陸上競技部のチームカラーはどんなものですか？　時々こう聞かれることがある。答えは「**目標に向かって進む貪欲さ**」だと返している。これは1995年のコーチ就任時から作り上げてきたものであり、今も変わっていない。泥臭く、粘り強く目標に向かう姿勢を重視するのは、私の考えから生まれたものであり、それが長い時間をかけてチームに浸透したのだろう。これは時代が変わっても変わらないものだと思うし、今も選手の勧誘をする際にこの事実は伝えている。環境に合わなければ、そこにいるだけでストレスになってしまうし、力を伸ばすことができないからだ。

ただ貪欲さを求めるのは、今は競技の部分だけにしている。先に述べたように、私が変わろうと思ってから、オンとオフの切り替えはしっかり行うようになった。要はメリハリをしっかりしようということだ。この傾向は最近より顕著になったと思う。組織の色はリーダーである私によって決まる部分が大きいが、選手の色も出すようにしてきている。

たとえば以前の駒澤大学の選手はあまり自分の意見は言わず、黙々と私の出す練習メニューを地道にこなすタイプが多かった。だが、最近は田澤に代表されるように、しっかり自分の考えを伝え、私にも軽口を叩いたりする。ややもすれば取材時にテレビカメラに対し、「大学生のなかにライバルはいません。実業団選手や世界のトップ選手に追いつくことだけを考えて練習しています」、「区間賞は取って当たり前だと思っています」などと、ビッグマウスと取られかねない言葉を発する。もちろん私も注意するのだが、「裏ではしっかり練習しているし、礼儀も守るべきところは守っているからいいかな、彼の性格だから仕方ないかな」と納得してしまう部分があるのも事実だ。

## 〉〉一人ひとりのカラーを消さない

*

**貪欲さを持ちながら、普段は明るく振る舞う**というのは、新しい駒澤大学のカラーだ。

だが、これも時代とともに変わっていくのが自然なのだろうし、**選手が入れ替わればその**

**ときの選手たちの個性によってもまた変わってくる**のだろう。私自身、それはいいことだと考えている。同時に大切なのは、それをしっかり発信していくことだと思う。私が「男だろ！」のイメージを払しょくしたいと考えているように、チームカラーも正確に伝えていけば、駒澤大学を進学先のひとつとして考えている高校生も、自分に合うか合わないかを判断しやすくなる。

最近では妻を中心とし、寮生活をＳＮＳで発信もしているので、そうした取り組みは今後も積極的に行っていきたい。もちろん彼らに迎合するつもりはなく、練習は今まで以上に厳しくしているので、それも伝えていくべきだろう。言うまでもなく、選手やＯＢがそれぞれの舞台で活躍すること、駅伝で勝つことも何よりの発信である。そして、どんなに選手が入れ替わっても「目標に向かって進む貪欲さ」という芯の部分だけは維持していくつもりだ。イメージで語られるのではなく、実像をしっかりと伝えていくことも、今後は力を入れていくつもりだ。それを知ったうえで「駒澤大学で力を伸ばしたい」と思ってくれる選手を歓迎したいと思う。

## ≫ チームカラーは魅力的でありたい

## 目指しているのは意識の高い組織

**チーム作りをするうえでずっと大切にしていることは「意識の高い組織にしたい」という点である。**

これは本書の冒頭で述べた通り、駒澤大学で指導を開始したときから目指している姿だ。選手たちが高い意識を持って競技に取り組んでいれば、自然と生活も律するし、練習に挑む姿勢も厳しいものになっていく。

高い意識を持たせるためには、現状に満足せず、高い目標を立てること、それを現実に達成できると思わせることが何より大切だと思う。褒めることが多くなってきた私だが、「ここで満足するな、おまえならばもっとできるぞ」といった声かけは続けている。

ただ気をつけなければならないのは、目標が高すぎては現実味が乏しくなるし、低すぎると逆に目線が下がり、厳しさが失われてしまうことだ。少し背伸びすれば届く、全力で取り組んでいけば達成可能と思える目標を持つことが重要であり、かつ「**これをやっていけば必ず目標に到達できる」という説得力のある練習を、指導者は示していかなければいけない。**

意識の高い集団にするにあたって、チームの柱となるエースとキャプテンの存在が欠かせず、また駅伝メンバーを争うだけの選手層が必要だ。これはチーム内を引き締め、目標となる存在がいること、そして競争意識が生まれることを表す。

これができてくると自然と選手たちの意識が上がり、私の仕事はやりやすくなってくる。選手が自主的に練習の量や質を求めるようになり、私の仕事は無理をさせないようにストップさせることになる。それが理想だ。

ただ、どんな状況でも意識の低い選手はいる。

かつてこんなことがあった。ポイント練習日以外の週3日はジョギング中心に選手個々が自分で考えて練習を行っている。そして、1カ月の走行距離を選手自身が計算し、それを私に報告してくるのだが、なかにはその数字をごまかしてくる選手がいる。

こちらはチームとしての練習で走る距離は把握しているし、何十年もこの仕事をしているので、選手の力量や普段の練習スタイルなどから「こんなに多いはずはないな」と感覚的にわかってしまう。

そういう選手もズルをしようとしているわけではなく、単に報告する際に「このくらいだっただろう」と、何も考えずに適当な数字を書いているだけなのだ。日頃から月間走行距離の目標を持っていたり、毎日のコンディションを見ながら、走る距離をコントロールしたりしている意識の高い選手は、こうしたことは絶対にしない。なので、いい加減な数字を出してきた選手には私も叱らざるを得ない。

**ただ、叱ってもなぜ叱られているかに気がつかない者も、ときにいる。しかし、私は何度でも繰り返し言い続けるようにしている。強くなる選手は基本的に素直な心を持っているし、気づく感性があるのだが、それを引き出していくしかない。**効果があるかはわからないが、私は言い続けていくしかないのだ。

＊

## ≫意識の低い者には繰り返し言い続ける

**意識の高い集団になると、私が言う前に他の選手が注意してくれるようになる。**そうなれば私の言葉以上に心に響くし、言われた選手も危機感が生まれるようだ。

近年はコロナ禍の影響もあり、朝練習は集団ではなく、各自が個人で行うようになったが、そうすると選手個々の意識が如実に表れてくる。選手のなかには走る距離が極端に短くなる者もいるし、ひどくなると公園で時間をつぶし、最後だけ帳尻を合わせて寮に戻ってくる者もいた。

本当に体がつらいのであれば、私に言ってくればいいし、キャプテンに言う手もあるだろう。

しかし、そうしないのは意識が低く、心が逃げてしまっているからに他ならない。そして今の駒澤大学の選手たちは、そうした選手たちを許さない雰囲気がある。

「やる気がないのならば、ここにいないほうがいい」

選手同士でズバッと言い合う姿を何度も見たことがある。さすがに言われた選手は刺さるようで、そうなると私が何も言う必要はなくなるのだ。

チームのなかで能力の差はあって当然だが、**意識の差はできる限り同じほうがよく、それは高いレベルで維持しなければならない。**

**そのためには、意識の高い者に協力してもらい、チームを引き締めていくことが不可**

**欠だ。**

これも近年、私が取り組みを変えてきたことのひとつで、キャプテンやエースクラスにもどんどんこうした厳しさを発揮するように伝え、「これが当たり前なんだ」という風土をチーム内で作るようにしている。

**何事も同じだと思うが、意識も低いほうに流れるのは簡単で、そうなると元に戻すのは非常に難しくなる。**

現状に満足せず、高い目標を持つこと。

それが高い意識を生み出す第一歩だ。それを皆で共有するためには「当たり前の基準が高いチームにする」ことが何より大切である。

## ≫「当たり前」の基準が高いチームにする

# すべての選手にやりがいを持たせる

チームには50人ほどの選手がいるため、4年間を通じて、一度も箱根駅伝を走れない選手はいて、むしろそんな選手のほうが多い。そのメンバー争いに加われるのであれば、選手も緊張感とやる気を持って競技に向き合えるが、なかにはそのレベルまでたどり着かない者や、ずっと故障ばかりで試合にすら出られない選手もいる。腐らずに一生懸命に頑張っている選手であれば、私はその一人ひとりに向き合う努力をしようと思っている。

ずっと故障が続いているのであれば、まずは完治させることが第一。そのうえでいつまでに試合を1本走ろうという目標を立てる。**試合に出ていない選手というのはチームのなかでも一番つらい立場だということを誰もが知っているので、そこにはなるべく寄り添ってあげたいと思う。**

ずっとCグループから抜け出せない選手たちにも向き合い続けるが、彼らのやる気を維持するために日常的に意識しているのは、Aグループと同じ練習メニューを組み、そのうえで設定タイムを加減することだ。たとえばAグループが20㎞を走る練習のときは同じ20㎞で行い、そのうえでペースを遅く設定する。そのことで自分の立ち位置と目指す先がわかるようにするのである。

また大学内での練習とは別の刺激を探ったりもする。たとえば持ちタイムこそ良くないが、自分一人の力で一定のペースが刻める選手は、女子の実業団チームに送り、そこでペースメーカーを務めさせることもある。自分自身の存在価値を再確認させたり、やりがいを見つけさせたりするのだ。長距離が得意で、意思のある選手には「卒業前に一本、マラソンを走ろう」と提案し、時間をかけてその準備をすることもある。

こうした取り組みは、私だけでなくチームで共有するようにしている。

どの大学でもやっていることだと思うが、駒澤大学では学内でタイムトライアルをよく行う。要は身内だけで行う記録会で、ここに出てくるのは故障上がりの選手や、ずっとCグループで走っている選手である。

ここでは彼らが好タイムを出せるように、レギュラークラスの選手がペースメーカーとして全力でサポートする。頑張っている選手がいれば、レベルの差を問わず、応援しようという取り組みだ。そして、ここでいい記録を出した選手は有力選手のみが参加できる選抜合宿のメンバーに入れるようにしておく。それが彼らのやる気を大きく刺激する。

＊

## やる気を刺激する方法を選手ごとに考える

指導者である以上、組織のすべての者に目標とやりがいを与えることが大切なのだと思う。もちろん全員が箱根駅伝を走りたい。それを踏まえたうえで、そこに至るまでの過程でも目標を示し、達成感を得ながら、そのひとつ上の目標に向かっていけるようにするのだ。いきなり駅伝メンバーを目指すのではなく、一段ずつ階段を上っていくイメージだ。学内トライアルなどはそのいい例で、ここをステップにして箱根メンバーに入った者も数多くいる。こうしたチャンスを与え続けていくことも彼らのやる気になる。

小林歩《こばやしあゆむ》という選手がいた。もともと持っている能力が高く、かつまじめな性格で、練習でも意気込んで頑張りすぎてしまうところがあり、それがたたって2年生まではケガばかりだった。私としては彼の努力を見ていたので「おまえはいいものを持っているのだから、腐らずに続けていけば、きっと走れるようになるぞ」と言い続けた。実際、3年生になると一気に台頭したが、彼の浮上のきっかけも学内トライアルだった。4年目には才能あふれる1、2年生が躍動するなか、苦労人らしくチームを引き締める役目を果たし、ただ一人の4年生として箱根駅伝の総合優勝に貢献してくれたのだ。

彼は卒業間際にポツリとこう言ってくれた。

「僕もやめたい時期はあったんですよ。でも監督がずっと見てくれていたこと、声をかけてもらえたことが嬉しくて、〝やめたらもったいないな〟と思い、踏みとどまったんです」

こうした選手がいるのだから、一人ひとりを大切にしなければならない。実際、彼は実業団に進んだ後も目覚ましい成長を続けており、今後の活躍が楽しみな存在である。

強い選手ばかりでなく、そこを目指す選手、故障で苦しんでいる選手を走らせる取り組み自体、私自身がやりがいを感じているし、チーム全体で見たときにも「下からの突き上げ」というかたちでいい効果を発揮する。だからこそ**私が目配りと気配りをして、すべての選手に真正面から向き合うことが大切なのだ**と思う。

## 》》一段ずつ階段を上っていくイメージを作る

## 力の発揮しやすいプロセスをとる

長距離選手といってもさまざまなタイプがいる。ほとんどの選手は夏までは5000m、10000mといったトラック種目でスピードを伸ばし、夏合宿からロードで長い距離を走り込み、スタミナを養って駅伝に備える。

しかし、なかにはトラックをターゲットから外し、ひたすら春から距離を走り込む者もいれば、夏合宿からロードでスタミナ対策を始めながらも、並行して10月、11月までトラック種目で記録を狙い続ける者もいる。

後者の例はエースクラスに多い。

試合に出続ける選手は心身ともに非常にタフであり、能力も高いのだが、だからといってすべての部員がそこを目指すべきではない。

言うまでもないが、**狙うべき試合で結果を残すことが大切**なのであり、それは選手によって数も出場する試合も異なる。ただ、ほとんどのケースは大学3大駅伝を目指し、なかでも最後の箱根駅伝が1年間のなかで最大の目標となることが多い。そこまでのプロセスは選手によってそれぞれであっていい。

2021年の箱根駅伝優勝時に1区を走った白鳥哲汰《しらとりてった》という選手は、高い能力を備えているが、体質的に夏の暑さに弱く、夏合宿もAチームの練習ではできないことが多い。そういう選手に夏場は絶対に無理はさせず、自分のペースでじっくりと走り込ませ、練習の継続をさせればいい。

1年中、エンジン全開で走り込む必要はないのだ。

## 狙うべきところで結果を出させる

＊

試合の重ね方についても同様だ。

大学駅伝のシーズンは通常、10月の出雲駅伝、11月の全日本大学駅伝、そして年明け1月の箱根駅伝へとつながっている。

1区間の距離も、出雲は5㎞から10㎞、全日本は12㎞から20㎞、そして箱根駅伝は20㎞超とどんどん伸びていく。出雲駅伝からメンバーとなって走り、勝負をしながら調子を上げる者もいるし、1年生でもここで戦えそうな力があれば、経験を積ませる意味でメンバーに抜擢するケースもないわけではない。

一方、箱根だけを見据え、準備を進める者もいる。先ほどの白鳥のように暑さに弱い選手は寒くなってから本領を発揮すればいいし、箱根の山上りや山下りなど特殊区間の選手はそれに特化したトレーニングをすることが多いため、やはり出雲、全日本で起用するケースは少ない。

いずれにせよ選手のタイプ、そしてどこで勝負をかけるのかによって、スケジュールは大きく変わってくる。

近年は箱根駅伝の優勝を狙うチームは、出雲、全日本と合わせ、3冠を目指すことが多くなってきた。私たちも何度もそこにチャレンジし続けている。

その実現のためには、スピード駅伝から箱根の20㎞以上まで対応できる選手の特性の豊富さと選手層が必要だ。選手個々の特性と目標を見極め、故障者などを出さないように注意しながら、強化とレースを繰り返す。

そして最終的に1月2日、3日に最高のチーム状態を作らなければならない。それがいかに細かい作業であるかはご想像いただけるだろう。

部員全員はもちろん、一人の選手であっても1年を通して好調を維持することは不可能だ。そのなかで何度も試合を繰り返せる者、1回の勝負にかける者といろいろいるが、**勝負の日にコンディションを合わせ、力を発揮できる選手が一流である**ことに変わりはなく、そこへ導くことが私の役目だと思っている。

## 》大切なのは勝負の場面で力を発揮できること

第五章

# 指導者の務めとは

## 自分の気持ちを高められる選手に育てる

練習でどんなにいい走りをしても、試合で力を発揮できなければ意味がない。指導者の仕事とは本番で結果を出させることにほかならず、そのために必要なことは、しっかりとした準備を行い、選手に自信をつけさせて試合に送り出すことに尽きる。

特に練習と試合の結果を紐づけることは一番重要だと私は考えている。再三、本書のなかで述べている通り、**「これだけの練習ができれば、この結果を残せる」という話をし続ける**ことだ。

「この先輩はこの練習を継続した2カ月後にこんなタイムを出している」

「夏合宿でこれだけ走った先輩は秋に駅伝メンバー入りをしている」

成功した先輩の事例を、具体的な数字で示すようにしている。私がこの部分の詰めを怠っては、自信を与えることはできない。

試合前になれば、基本的に選手にはいいイメージを持たせることが重要だ。昔と違い、反骨心の強い選手が少ないため、基本的にはその選手のいいところを言い続ける。

「残り3㎞までついていければ、おまえはラストスパートが強いから大きく離されることはないぞ。そこまでが勝負だ」

「おまえは一人でもペースが刻める選手だから、タスキを受けて前後に選手がいなくても大丈夫だ」

おだてていると言ってもいいかもしれない。ここでも具体的な状況を示し、イメージしやすいようにしている。同時に勝負事なので相手の存在を忘れてはならず、他大学の状況や選手の特徴もできるだけ伝えるようにしている。**私やマネージャーは日頃の試合からライバル校の選手たちのタイムではなく、特性を見抜くように常に観察している。ここも観察力が求められる場面だ**。

そうした情報をベースにし、選手とともにレースのシミュレーションをする。最初の1㎞はどのくらいのペースで入るのが適切か。抜け出す選手が出た場合には、どの選手であればついていくべきなのか。見送ったほうがいい場合はあるのか。そうした細かいところまで考える。

最終的にイメージトレーニングをした後、選手自身が「俺、いけそうだな」と思えるようになると本番でも力を発揮しやすい。能力の高い選手になると、自分でこのシミュレーションができるようになる。駅伝でいえば中継所で待っている間にレース状況を確認し、同じ区間を走る相手の力量を見定め、いくつかのレースパターンを頭のなかで準備する。要は戦い方のイメージをいくつも準備できるのだ。この力を備えた選手は強いが、できないのであればできるようにこちらが仕向け、そうした経験を積ませていかなければならない。

## ≫ いくつもの戦い方をイメージさせる

＊

練習や試合から少し離れたところでいえば、**責任感を常に与え続けるのも有効な手段だ**と考えている。

日頃から駅伝メンバーには「常にプライドを持って練習に臨むように」と指導をしている。それは強さを見せつけることであり、具体的にはできるだけ他の選手の前に立ち、引っ張る姿勢を持ってほしいという意味だ。「風が強いから今日は走れない」、「昨日の疲労が残っている」などといった言い訳も許さない。練習ではどんな条件でも走れるように意識させる。**暑ければ暑いなりの走りを、風が強ければその条件下でできる全力の走りを目指す。**それが試合での安定感につながっていくのである。

箱根駅伝は学生スポーツのなかでは群を抜いて注目度の高い大会である。それだけにメディアからの取材も多い。私は依頼があれば、選手たちにも積極的に受けさせるようにしているが、その際には一言、くぎを刺すのを忘れない。

「注目されているってことは、どんなレースでも下手な走りはできないってことだぞ。自分が恥ずかしい思いをするからな」

こうしたかたちでプレッシャーをかける。それでビクビクしているようであれば、やはりメンバー入りする資格はないだろう。最近の選手はこの点ではあまり心配はなく、注目度の高さをすんなりと力に変えているようで、その点は大したものだなと思う。

いずれにせよ**本番では自信を持って、堂々と走れることが何より大事だ。**それを作るのは本番を想定した練習であり、プレッシャーを跳ね返す強い心である。

## 〉〉〉責任感とプライドを持って準備させる

## 選手の好不調のサインを把握しておく

練習でどんなに走れていても、また条件の整った記録会で好記録を出していても、プレッシャーのかかる駅伝はまた別物だ。そこに調子を合わせられる選手を選ばないことには勝利はおぼつかない。

箱根駅伝では12月前半に16人のエントリーメンバーを決め、そして12月末に区間エントリーをしてまず10名を決める。ここでは相手の出方を見るためや、ギリギリまで選手のコンディションを見極めるため、あえて偵察メンバーを入れることも近年ではどの大学もとる当たり前の戦術となった。そして、レース本番を迎える当日朝に1月2日、3日の2日間を通して6人、1日では最大4人までの選手変更が可能で、ここで最終的に実際に走るメンバーが決まる。

選手の選考基準は多くある。自己記録はもちろん、直前での練習の走りの内容も重要な要素だし、コンディションを確認するために血液検査の結果も見るが、確実に言えるのは、選手の状態の見極めは直前だけを見てもわからないということだ。「**この選手がこんな状態のときは調子がいい**」、「**こうなったときはあまり良くない**」と、**年間を通じ、試合前に見せる選手の特徴や仕草を知っておくことが重要である**。

たとえば試合が近づいてくると、コンディション調整のために負荷を下げたメニューを行うが、それでも走り終えた瞬間に立ち止まって、両手を膝についてしまう選手、ばたりと立ち止まってしまって、動けなくなる選手などがいる。言うまでもなくこれは余裕がない証拠だ。それが強化期であればまだしも、レース前はゆとりを持ってこなせる練習メニューにしているので、それで厳しい表情を見せるようであれば、やはり状態が良くないと判断せざるを得ない。

そして、選手はそれを知っているから、そうした姿をなるべく見せまいとする。彼らは駅伝メンバーとして走りたいから「調子はどうだ？」とこちらが問いかけても、「悪いです」と応える選手はいない。

ただ、無理して起用し、ブレーキを起こすようでは、本人に可哀想な思いをさせることになるし、チームにも迷惑をかけることになる。ここは**わずかな選手の変化を見逃さず**、少しでも不安な兆しが見えれば、非情な選択をとらざるを得ない。

＊

## ››› 表情や振る舞いで選手の状態を見極める

本当の信頼関係とは、この試合直前の調整期に表れるのではないかと、最近思うようになってきた。

1年間、私を信じ、頑張ってきた選手は言葉で語らずとも、今までの努力と成長を走りで私に示して今の状態を伝えてくる。その表情、ランニングフォームが「自分を起用してください。期待にしっかり応えます」と雄弁に語ってくる。

私もそれを見抜く必要があるが、そのために重要なのは、良いときの状態を知っていることだ。さらに1年間の集大成として臨む箱根駅伝前は、その基準を大きく超えてくることがあるからおもしろい。本当に仕上がりのいい選手は輝かんばかりのオーラを放つのだ。それを見ると「ああ、この選手は絶対に大丈夫だ」と自信を持って起用できる。

このような関係が築けることが理想だ。実際、ここまで感じさせてくれる選手がプレーキを起こしたことは、これまでの指導のなかでただの一度もない。

1年をかけて、こうした関係を一人でも多くの選手と築ければ、駅伝の結果は間違いなく喜ばしいものになる。

そして、メンバー発表の瞬間には起用の理由と期待する役割を選手に伝え、託す。控えに回った選手にも、突然、出番が来ても慌てないように、気持ちを切らさないように伝える。すべての選手に対し、ネガティブな話は一切しない。

あとは「**おまえたちならばできる、絶対に大丈夫だ**」**とだけ伝え、送り出す**のみだ。運営管理車からの声がけも重要ではあるが、そこまでに鍛え、自信を持たせることが私の仕事であり、この時点でそれはほぼ終わったことになる。

## 》》自分のなかに明確な選考基準を持っておく

## 選考するときに経験は考慮すべきか

もうひとつメンバー選考について記しておきたい。

箱根駅伝のエントリーメンバーは16人で、そのうち実際に走れるのは10名。この狭き門には、その時点での走力をもとに、コンディションのいい者、各区間の適性に合った者を入れる。

そこに経験や学年は関係ないというのが今の私の方針であり、事あるごとに選手に伝えている。経験のある者を優先すると思われてしまうと、経験のない選手は、次の1年間、新鮮な気持ちで挑戦をしなくなるからだ。

人間の心は弱いもので、箱根駅伝を1回走ると、何かしらの心のゆとりが生まれるようで、向上心が見られなくなった選手をこれまで何人も見てきた。

「自分は一度走っているから、監督は今度も自分を選ぶに違いない」といった気持ちが芽生えると、練習でも試合でも真剣さが生まれない。その1回が区間賞を取るような素晴らしい走りであってもだ。もちろんその1回の経験でさらに上を目指そうという者がほとんどではある。ただどれだけ前回、好走した者であっても、**基本、メンバー選考はゼロからのスタート。その意識をチーム内に徹底しておかないと、他の選手の意欲をそぐことになる。**

たとえば勢いのある1年生と箱根駅伝を走った経験のある4年生がいて、大会1カ月前の時点でほぼ同じくらいのベストタイムを持っていたとする。この事実だけ見れば、4年生を起用したほうが間違いなさそうだし、経験を力に変えてくれると思うかもしれない。

しかし1年間、箱根駅伝を目指し、真剣に練習に取り組み、何度も自己ベストを更新してきた1年生と、どこか心に隙があり、チャレンジもしない。そして1年間、ベストの更新もできなかった4年生だとしたらどうだろうか。同じくらいのベストを持っているとしても、勢いはきっと1年生にあるはずだ。

もちろんさまざまな要素を見て、総合的に起用の判断を下すため、一概には言えないのだが、私はこの事実だけであれば、迷わずチャレンジしている1年生を選ぶ。それはその時点の戦力としても勢いがあるほうが上だと思うし、もし失敗してもその悔しさを持ってまたゼロからチャレンジしてくれれば、それはきっと来年に生きるはずだからだ。

## 選考は毎回、ゼロからのスタート

16名のエントリーメンバーを決めるとき、そして、実際に走る10名のメンバーを決めるとき、私はその起用の理由を選手たちに説明すると同時に、経験者を外す場合、その理由を求められればそれにも触れるようにする。それは外された選手への配慮からだ。

ただ「自分には経験があるのに」という意見が出れば、「なぜその経験を1年間でもっと伸ばそうと、努力する姿を見せてくれなかったのだ」と逆に問いかけるようにしている。1年前を上回る熱意と結果を示していれば、きっとその経験は大きな武器になっただろう。しかし、なぜそれができなかったのか。胸に手を当てて考えてみてくれ。そう言うことにしている。

＊

**選手を外すというのは、こちらとしても非常につらいが、貪欲に結果を求める以上、そこに情を挟むことはできない。だがいつも思うのは、外された者もこの悔しさをぜひ**

**生かしてほしいということだ。**駒澤大学で箱根駅伝を経験した者であれば、多くの場合、社会人になっても競技を続けるケースが多いが、もし大学で区切りをつけるにしても、「4年目で外された」という経験を、自分なりに咀嚼《そしゃく》して自分のものにしなければならない。それでこそこの悔しさは後の人生に生きてくる。そして、卒業後に進んだ世界で活躍し、見返してくれればいい。

選手によってはこの話を卒業式後にもう一度、ひざを交えて説明する。なぜ外されたのかを真剣に考え、今後の糧《かて》にしてもらうためだ。そして、競技を続ける選手には寮を出るときにこう伝えている。

「これからは駒澤大学の選手に負けないように頑張れ」

**そこまで箱根駅伝は人生最大の目標だろう。しかし長い人生を見たとき、それは誰にとっても通過点であり、大切なのはその経験から何を学ぶかだ。**競技だけで見れば、メンバーから外れたという事実で終わりになるが、人作りを考えればそれでは不十分。しっかりフォローし、その後の人生にプラスにする働きかけを忘れないようにしている。

## 》悔しい経験は自分の糧となって初めて生きる

## 本領を発揮するのは卒業後でいい

ここまで試合で結果を残すための考え方や取り組みを述べてきたが、大学での活動であることを考えれば、どんな好結果を残してもここがゴールではない。

「もうこれでいい」という満足感を与えるようになってはいけないと思う。記録を伸ばせたとか、箱根駅伝に出場できたという満足感を得ると、人は成長のための歩みを止めてしまう。

特に箱根駅伝の注目度が大きくなっている今、そこへの出場を果たし、さらに総合優勝を経験すると、優秀な才能が燃え尽きてしまうこともある。常に向上心を持ち、学びと鍛錬を続けられるようにならないと、それ以上の成長はない。

そのため**私は常に新しい目標を示し続け、現在の成功がゴールではないと伝えるようにしている。**

陸上競技でいえば、箱根駅伝の先には実業団という道があり、そこでトラック種目やマラソンで日の丸をつける、もしくは日本記録を出すという夢を示すようにしている。箱根駅伝で区間賞を取っても手放しでは褒めない理由はここにある。

「日本には箱根より高い山がまだあるし、世界に行けばもっと高い山がある」

最近、選手にはこんな言葉をよくかけるようになった。

幸いなことに、コーチの藤田敦史は現役時代にマラソンで日本記録を作っているし、OBの中村匠吾は東京五輪マラソン代表となり、日の丸をつけて走った。他にも数多くの選手が卒業後に日の丸を背負い、世界に飛び出している。レースや記録会でその先輩たちの姿を見ることも多いため、大学での結果だけで満足している選手は逆に恥ずかしい思いをすることになる。

「先輩たちに比べれば、自分はまだまだだな」

そう思わせることが大切だ。

こうした刺激を与え続けるのも大学指導者の役割だと思う。

**常に高い目標を設定し、追い続けることができるか。これは競技とはまったく異なる能力だ。成長する喜びを与えると同時に、さらに広い世界を目指す向上心を抱かせな**

**ければならない。上には上がいることを教え、そこにたどり着ければ、もっと大きな達成感を得られる、と私は言い続けている。**

＊

## 》自分はまだまだと思わせる

そもそも大学は学ぶ場であり、本領を発揮するのは社会人になってからでいい、というのが私の基本的な考え方だ。大学で競技をやめる選手も、社会人で走り続ける者も、この意識を忘れてはならない。

たとえば田澤は2022年の世界選手権10000mに日本代表として出場した。すでに実業団選手と互角以上に戦える日本のトップ選手であるが、実は彼にはまだ目いっぱいの練習をさせていない。抜きんでた力があるが、他の選手たちと同じメニューを組み、設定タイムだけを上げたり、少し長めに走らせたりといったアレンジを加えるレベルに留めている。実際、もっと高いレベルの練習メニューにしても彼ならばこなせるだろうし、それをやればもっとタイムも伸びるだろう。

しかし、それを今やってはいけないと考えている。

理由のひとつは、大学でやるべきは土台作りであり、ここで無理をさせると故障につながるからだ。今はしっかり体作りに専念することが彼には必要だと考えている。本領を発揮するのは実業団に行ってからでいい。もちろん大学で促成栽培すれば学生の間にある程度の結果は残すだろうし、日本記録を出せる可能性もある。しかし、それで彼の将来の可能性を損ねるようであれば意味がない。大学卒業後、心身が充実してからのほうが彼は大きく羽ばたくし、評価もされることだろう。

いかに伸びしろを残して卒業させるか。そして、大学在学中にいかにその伸びしろを広げるか。これも最近、私が特に意識していることであり、最も力を入れたいと思っている部分だ。おかげさまで駒澤大学の選手は卒業後に活躍すると、メディアや関係者からの評価を受けているが、その流れをさらに加速させたい。

**箱根駅伝は目標ではあるが、それがすべてではない。どんな選手であってもそこでの優勝を目指す過程と手にした結果が、将来の飛躍につながらなければ意味がないのだ。**

## 》》伸びしろを残し、伸びしろを広げる

## 進路は最も力を発揮できるところへ

選手たちの進路の相談も指導者として大切な仕事だ。

卒業後どうしたいのかという話は、だいたい3年生になったあたりから話題に上がってくる。選手からの相談はグラウンドではなく、寮内でざっくばらんに話を聞くことが最近では多い。

基本的に卒業後も実業団で続けたいという意思があり、それに見合う努力をしている選手は、走力のレベルを問わず私が全力で企業を探すようにしている。

私自身もそうした恩を受けた。

高校時代にケガばかりでまったく走れず、まさに鳴かず飛ばずだった私の「どうしても陸上を続けたい」という思いを受けとめた恩師が奔走してくれ、そのおかげで小森印刷（現・小森コーポレーション）で競技を続けることができた。その恩師がいなければ、今、私はここにいないと思う。今度は私が選手のために動きたい、と指導者になってからずっと思っている。

実際、大学で華々しい結果を残していなくても、卒業後に大きく伸びる選手は多く、それを見るのが私の指導者としての喜びでもある。最近では二岡康平《ふたおかこうへい》という選手が卒業後にマラソンで世界選手権の日本代表選手に選ばれ、日の丸をつけて走った。大学4年の箱根駅伝で9区・区間2位と好走したが、卒業間近のこのタイミングまでは決して目立った結果は残していなかっただけに、これは嬉しかった。

飛躍の機会はどのタイミングで生まれるかわからないが、諦めず、夢を持って頑張る選手でないと、それをつかむことはできない。**教え子の可能性を信じ、夢を実現できる環境を作ってあげることが進路相談の一番大切なこと**だと思う。

だが「卒業後も競技を続けたい」と言ってきても、「やめたほうがいいのではないか」とストップさせる選手もなかにはいる。それは覚悟の問題だ。実業団に進むということは、走ることで給料をもらう、いわばセミプロである。その厳しい環境でやっていける覚悟がない選手を送り出せば、本人にとっても幸せな結果は待っていないだろう。

その覚悟は彼らの日頃の行動を見ていればわかる。たとえば故障をしてチームの練習に参加できないとき、1日も早く治すためにどんな努力をしているかを私は見るようにしている。自主的にジョギングで汗を流したり、筋力トレーニングに励んだりといったことをしているか。まったく体を動かせないのであれば、この機会にしかできない競技の勉強もやる気次第では思いつくだろう。

「走れないときこそ、その選手のやる気が出るところだ」

私は常に選手にこう話している。

走れないからといって漫然と時間を過ごしているようでは、競技への姿勢を疑わざるを得ない。そんな選手が「卒業後も走りたい」と言っても、こちらとしては「本当に走ってお金をもらう覚悟があるのか？　別の道に進んだほうがいいのではないか」と、今一度、確認しないわけにはいかない。

進路は本人の意思で決めるものなので、最終的にはそれを尊重するが「自分がなぜ卒業後も走りたいのかを考え、本気で取り組まないと生き残るのは難しい」と厳しく言うようにしている。

## 〉〉卒業後も競技を続ける覚悟を見抜く

卒業後、競技を続けない選手の場合、「在学中に競技生活の集大成の目標を決め、そこに向かって頑張ろう」とターゲットを定め、取り組むようにしている。

＊

箱根駅伝を走るという目標はもちろんだが、メンバー入りが現実的に難しい選手であれば、別の目標を作ることもある。マラソン挑戦はひとつ目指しやすいところだ。大学で箱根駅伝を目指し頑張ってきた選手はスタミナ強化が進んでいるため、それをマラソンでの結果というかたちで残すのはわかりやすく、ときには私が驚くようなタイムを出す選手もいる。

いくつもの企業から勧誘の声がかかって競技を続ける場合はどうか。通常、このレベルの選手は走力を備え、競技者としてもある程度、高い意識を持っているケースがほとんどである。その場合、進路を決めるにあたって問題が起きることはあまりないが、それでも私からアドバイスを行う。

たとえば高地トレーニングが合っている選手にはそれを積極的に行うチームを勧めるし、普段からグループで練習することに慣れている選手には、個人を重視し、練習を一人で行うようなチームは勧めない。

マラソンをやりたいと言う選手には、マラソン選手育成で実績のあるところに行ってはどうかと持ちかける。言うまでもなく、競技引退後どんな仕事をしたいのか、といったところも選手に聞く。引退してからの人生のほうが長いのだから、これは当然のことだ。

こうして書くと当たり前のことばかりが並んでいるが、実際は給料や企業のイメージで就職先を選んでしまう選手が多い。

私も日頃から実業団チームの指導者との情報交換や連携は密に取っており、**「どこに行けば、最も力を伸ばせるか」という視点でアドバイスを送る**ようにしている。

## ≫ 大切なのはどこに進めば最も力を伸ばせるか

# 指導者こそ個性的であるべき

私はさまざまな分野の指導者の書いた本を読むのが好きで、日頃から気になるものがあれば積極的に目を通し、そこで得た言葉や考え方を指導に生かすように努めている。選手たちとどう接すればいいか、どんな言葉をかければいいか、そもそもどんなふうに育てていくべきか。そうしたことをそれぞれの業界で実績を上げた人たちから学んでいる。ここまでも何度か記した野村克也氏、京セラの稲盛和夫《いなもりかずお》氏のものが多い。

これらの方々は人作りを何より大切にしているところ、そして、彼らは大きな成功を成し遂げているが、そこに至るまでにも必ず失敗もしている点で共通している。失敗から学び成長していくところに、私も自分自身を重ねていくようにしている。本書でもそこから学んだ言葉を引用させていただいた。

ただ私自身、彼らの真似をしようというつもりはなく、常に自分なりにアレンジする意識を持っている。それは、置かれている状況が違うし、目の前にいる相手も違うためだ。私のなかの「引き出し」を数多く作るために、**他の指導者から学び、それを私の置かれた環境と目の前の選手によって使い分けていく**イメージである。

このアレンジの仕方が、私は指導者の腕の見せどころでないかと感じている。素直に話を聞ける選手とそうでない選手では対応方法は変わる。褒めて伸びる選手と突き放す選手でも言葉のかけ方は変わるだろう。そこのさじ加減に明確な答えはなく、常に相手の反応を見ながら、そのときどきで適切な対応をするように努めている。

競技力を伸ばす練習でも同様だ。私は瀬古利彦氏、中山竹通《なかやまたけゆき》氏などかつての名ランナーの練習方法を参考にすることが多いが、必ずそこにはアレンジを加える。今の選手たちの体力も昔とは違うし、さまざまな面でトレーニング自体も進化している。そして私自身の観察の目に基づき、最適と思える練習でないと、私の言葉で選手に説明ができないためだ。**自分の目で見てきたこと、自分が感じたことを信じ、指導でも必ず私の個性を加えるようにしている。**

## 》》学んだことに自分らしさをプラスする

＊

最近、指導のうえでの「大八木イズム」とは何か？　という質問を受けることがあった。改めて考えてみると、それはノウハウではなく「観察力」だと思う。**選手の走り方や性格、適性などを見抜いたうえで、練習のメニューを考える。**私が築き上げてきたものはこの感覚だと思っていて、コーチの藤田などにはこの感覚を身につけてほしいと思う。

その一方で、「**学んだことをそのまま使うのではなく、個性を出しなさい**」という話もよくしている。

藤田は私の後継者となる人材だが、私のコピーとなってほしいとはまったく考えていない。選手としては、マラソンで日本記録を作った実績があるし、年齢も若く、私にはない感性があるだろうから、私から学んだものをアレンジし、自分なりの指導方法を確立すればいい。

最近はインターネットで簡単に情報が手に入る時代になったし、SNSでどの選手がどんな練習をやっているかを誰もが知ることができる。若い指導者は勉強熱心で新しい情報にも敏感だ。そうしたものに飛びついてしまう気持ちもわからないではないが、そこに

**「自分で作り上げたもの」**や**「揺るがない信念」がないと、やはりもろい**のではないかと思う。結果が出ているときはいいが、うまくいかなくなったときや選手が悩んだとき、選手が揺らいでしまう気がするのだ。

箱根駅伝で何度も優勝をしたり、連覇をしたりしている大学の監督は皆、個性的で自分なりの指導方法を確立している。

私が駒澤大学のコーチに就任した当時は、順天堂大学が強く、その澤木啓祐《さわきけいすけ》監督（当時）を倒すことが私にとって大きなモチベーションになっていた。2000年代、順天堂大学と駒澤大学はライバル関係となり、そのユニフォームの色から〝紫紺対決〟と呼ばれるようになったが、それと同様に、今、駒澤大学を倒すべく、どんどん個性的な指導者が出てきてほしいというのが私の今の切なる思いだ。

## 》自分なりの指導方法を確立する

## 即決即断で行動。人生に失敗はない

本書と同じ出版社である青春出版社から出た藤由達藏氏の著書『結局、「すぐやる人」がすべてを手に入れる』も私が影響を受けた本の一つだ。

そのなかには、モチベーションがあっても気分が乗らなければ人間は行動ができない。そして、その気分というものは常にコントロールする必要があるということが書いてあった。他にもいろいろな有益なアドバイスがあったが、すぐに行動するというのは指導をするうえでもとても重要なことであると再確認した。

たとえば箱根駅伝では運営管理車のなかでレース展開を見ながら、次の中継所で待つ選手に、どんなことを意識して走るべきか電話で指示を与え、その時点での最善を尽くし続けるのだが、ふとした瞬間に、今、目の前の選手がなぜ調子良く走れているのか、もしくは走れていないのかを、過去の練習を振り返って考えてしまう場面がある。そして今後、どんな練習をしていくべきかをイメージしたりして、来年のメンバー編成や区間配置まで考えが及ぶこともある。実際、箱根駅伝が終わると、短い休みをとってすぐに私はレース中に感じたことを行動に移す。

「この選手には別の練習のやり方が合っているのではないか」

「この選手には来年、別の区間を走らせたほうがいいのではないか」

後者であれば選手にはそう伝えてみて、反応が良ければそこをどのくらいのタイムで走りたいか、そのためにはどんな練習をしていくべきかといった目標を決める。

要は感じたことはすぐに行動に移すということだ。

そして、同時に**指導者たるもの、思考と行動は常に同時進行でなければならない。それが正しいか、他の選択肢はないのかを行動しながら決めていく**ようにした。他にいい手があると判断すれば、変えていけばいいのだ。

＊

## ≫ 感じたことはすぐに行動に移していく

「時間は有限であり、打つ手は無限」

これも同書から学んだことだ。

何かを成し遂げようとしたときに、そこに向かう手立ては一つであるはずはない。箱根駅伝は1年後に必ずやってくる。

シード権を取っていればもちろんだが、仮に予選会からの挑戦となっても箱根本戦で戦う力をつけることが常に大前提であり、**限られた時間であっても、目標を達成するために打てる手は無限にあるはずだ。**

そのためには解決策をいくつか考えたのちに行動することを勧めているが、私としてはその場、その場の直感で、可能性の高いものをどんどん実行に移すようにしている。

自分の力だけでなく、周りの協力を得ることも大切であり、コーチの藤田をはじめ、スタッフにもどんどん力を貸してもらう。

そして行動してしまえば、新たな発見も生まれてくる。自分の考えが間違っていれば、修正していけばいい。

「人生には成功と失敗があるのではなく、成功と成長があるだけだ」

これは私の考えを支えてくれる意味で心に響いた言葉である。

失敗とは経験に対する一つの答えでしかない。

駅伝で負けたとしても、その事実を受け止めて学び、次への対策を打てばいい。それは私だけでなく選手たちも同じこと。**人生に失敗はなく、そこには成功と成長があるだけなのだ**。

この言葉を知ってから、私は指導者としてとても気持ちが楽になり、即決即断でどんどん行動に移していけるようになった。

## ≫「時間は有限であり、打つ手は無限」

## 常に原点に立ち戻り、初心を忘れない

駒澤大学陸上競技部では毎年、スローガンを決めている。

箱根駅伝で2度目の優勝を成し遂げた翌年度の2002年に「原点」とし、その次の年は「原点・挑戦」とした。それ以降、**原点を踏まえたうえで、今、どんな意識を持って成長していきたいのか、目指すのか、何をすべきなのかを明確にし、常に「原点」の言葉を添えている。**箱根駅伝で優勝を果たした2020年度は「原点と意欲～努力の継続～」、それを受け、2021年度は「原点と責任～感謝の心を形に～」、2022年度は「原点と環～強さの証明～」とした。

原点とは言うまでもなく初心である。なぜ自分は陸上競技を志したのか、なぜ走りたいと思うのか。私であればなぜ指導者になりたいと思ったのか、駒澤大学でコーチになった当初はどんな思いで指導をしていたのか。私は中学生で陸上競技を始めてからずっと箱根

駅伝を夢見ていたが、ここまでも記した通り、家庭の事情で高校卒業後にそのまま大学へ進むことができなかった。しかし25歳で駒澤大学に入学し、念願叶って箱根を走ることができた。

指導者になってからは学生時代に果たせなかった箱根駅伝優勝を目指して、がむしゃらに取り組んできた。そうした夢や情熱こそ私の原点である。

それを私自身、いつしか失ってしまっていたことも、ここまでの間に何度も記した通り。選手にそれを求めながら、自分が落とし穴にはまってしまったのだ。それに気がついたときは本当に恥ずかしかった。今はそれに気がつけて本当に良かったと思っている。

＊

## ≫ 初心を忘れずに自分を見つめ直す

選手たちにも常にこの「原点」を意識してほしいと思っている。

スローガンは毎日着るジャージやTシャツにプリントしたり、部内の目立つところに貼ったりしているが、毎日見ていると、慣れてしまうことが多い。感性の強い者は時折、それを見直して自問自答し、意識を正しているようだが、その彼らの感性を磨くと同時に、私自身が今後、積極的に選手に問いかけていかなければならないと感じている。自分の走る原点を思い出せば、そのときに抱いた大きな夢や目標を再確認できるはずだ。そしてなぜ駒澤大学にいるのかを思い返せば、ここに来るまでにお世話になった方々に思いを馳せることもできるだろう。

「自分は箱根駅伝を目指していたのに、いつから諦めてしまったんだろうか。ここに来るのにも親や高校の先生にずいぶんお世話になっているのに、申し訳ないな」

そう感じてくれるはずだ。

**原点を知れば、心の部分でまっすぐなものを取り戻せる。そして、心が変われば姿や行動が変わってくる**と思う。私自身がそれを経験している。

「原点」とともに添える言葉も重要だ。これは1年間、どんな気持ちで過ごすべきなのかを私が決めている。2021年度は「原点と責任～感謝の心を形に～」とした理由は前年の箱根駅伝優勝を受け、一人ひとりが責任を持って行動してこそ、連覇へつながるという意識を持ってほしいということ。そして、走らせていただけている感謝の気持ちを結果で表そうという意思を込めた。**原点を忘れず、今、大切にすべきことを明確にして、目標**

**に向かっていく。**この過去、現在、未来は常につながっているということを選手たちには伝えていきたい。

そう考えると原点の重みはますます大きくなっていく。

そもそも駒澤大学陸上競技部の選手たちが住む寮は「道環寮《どうかんりょう》」という名前がついている。道環とは仏教の言葉で、丸い輪は最終的に巡り巡ってもとの位置に戻るというまさに原点を示しているのだ。

2022年度のスローガンを「原点と環～強さの証明～」としたのもまさにこれを再認識するため。まずは私がそのことに気づかせるように指導し、将来的には「自分は大丈夫かな。原点を忘れずに行動できているかな」と我が身を見直せる感性を育てていきたいと思う。

## 》原点、現在、そして未来へと思いをつなげていく

## 東京五輪を経験して感じたこと

2021年に行われた東京五輪では、卒業後も指導を続けていた中村匠吾が男子マラソンに出場した。

私にとって教え子が走る初めてのオリンピック。感慨深かったのは言うまでもなく、代表が決まってからの約2年は私もそれまで以上に本気で指導した。新型コロナウイルス感染拡大の影響で、1年間大会が延期になり、モチベーションの維持や、プレッシャーといかに戦うかなど、精神的にも難しい時間が続いたが、中村はよく頑張ってくれたと思う。しかし、実際のレースは大会前に負った故障の影響で思うような練習が積めなかったこともあり、早い段階で先頭集団から遅れ、結果は62位。残念ながら目指していた入賞は果たせなかった。

大学卒業からオリンピック出場を決める2019年までの強化はうまくいったと思うが、

直前1年間の調整は悔いが残る。本番から逆算し、もっときめの細かい配慮をしながら練習と試合の計画を立てるべきだった。特に中村は集中力が高い選手で、一度、レースに出るとそこで自分の持つ力を最大限に発揮できるタイプ。そのためレース後は疲労困憊となり、本格的な練習復帰まで時間をかけなければならないが、その部分をしっかり見極められなかったことが故障につながったのだと思う。もっとコミュニケーションを密に取り、体の状態を把握し、細心の注意で進めれば結果は違ったかもしれない。私の指導の至らぬ点が出てしまった。

ただ中村もこの結果を受け止め、次のオリンピックに向け、また気持ちを新たに挑戦すると言ってくれた。私も彼も重圧のかかるなかでの初めての挑戦で、得たものが大きかったことは事実で、**しっかりとこれまでの歩みと取り組みを反省し、前を向いている。人生とは挑戦の連続だ**とつくづく思う。

*

## 》夢を叶えた先に次の夢を見つける

世界で戦える選手を育てることは私が持ち続けている大きな夢だ。そのために何が必要なのかを考えたとき、**己を知り、そして世界を知ることが大事だ**と考えている。今、陸上長距離やマラソンにおいて、日本と世界の差が開いてしまっているが、それでもオリンピックや世界選手権などに出場し続け、その差を感じ、少しでも縮めていく経験を重ねていくことが大事なのだと思う。

２０２２年の世界選手権１００００ｍに、今回、田澤が出場したが、これも将来を見据え、現時点でどこまで勝負できるのか、そして、どのくらい世界と差があるのかを知ることが一番の目的だった。まだ大学生であり、結果を残すのは先でいい。世界のなかで自分の立ち位置を知ることが何より重要だ。その意味で今回20位ではあったが、非常に多くの収穫を得ることができた。

重要なのはその差を、日本にいる間にいかにして埋めるかである。

日本の実業団にはケニア人選手が多く所属しており、大学にも留学生として来ている。私は彼らと競い合うことでそれが可能ではないかと思っている。日本にいるケニア人選手はオリンピックや世界選手権で上位に入る選手もおり、とても手ごわい。日本国内の記録会などでも彼らと日本人はスタート直後から別の集団になってしまうことも多いが、それでは世界と戦うことなどできない。一緒に走れるレースはチャンスと捉え、真っ向から勝負を挑んでこそ、力を伸ばすことができる。

幸い、田澤は他大学の留学生選手にもひるむ様子はまったくなく、むしろ日本人とか海外勢とか分けて考えない。

そこを意識すること自体、世界と戦ううえでは気持ちで負けてしまうことになるので、こうした傾向は好ましいし、他の選手も見習ってほしいと思っている。日本国内で世界を知る機会があるのは幸せなことなのだから。

## ›› 世界のなかでの自分の力を知ること

# 平成の常勝軍団から令和の常勝軍団へ

かつて駒澤大学は「平成の常勝軍団」と言われていた。私がコーチに就任した1995年（平成7年）以降、平成の間に箱根駅伝は4連覇を含む、優勝6回。箱根駅伝だけでなく全日本大学駅伝も平成の間に12回優勝を果たした。

常勝を意識したのは4連覇している間からだ。

**私たちは競技スポーツをやっているのであり、目指すのは常に頂点でなければならないと思う。それは最も高い目標を手にすることで、自分たちのやってきたことに対する自信と誇りを手にするためだ。**

そこで手にしたものは、卒業後に競技を続けるにしても、引退して他の世界に進むにしても、大きな財産になるだろう。もちろん勝つことで頑張ってきた教え子たちに脚光を浴びてほしいという思いもある。

だが、チーム状況によっては優勝を目指せない年もある。そんなときは確実に「3番以内」に入ることを目指すようにしている。この順位を手にできれば最低限、選手たちも決して自分たちの努力が間違っていないことを確認できるし、チーム作りの目で見ても次年度に期待をつなぐことができる。

また重要なこととして、3位以内にいると、優勝したチームとの差を現実的なものとして受け止めやすいのだ。勝ったチームはなぜ勝ったのか、それと比較して自分たちには何が足りなかったのかを考えやすい。

逆にこれが10位くらいまで落ちると、タイム差にもよるが、優勝チームは手が届かないところとなってしまう。もちろんそんな年もあるし、それはそれで仕方がない。

ただ、箱根駅伝は同じ学生同士の勝負で、年齢も持っている能力もそこまで大きくは変わらない以上、やはりトップの背中が見える位置、その背中までの距離を把握できる状態でいたいと思う。

## 自信を得るために常勝を目指す

＊

２０２１年（令和３年）の箱根駅伝で勝ったことで、次は「令和の常勝軍団へ」といった励ましの声をいただくことが増えた。

もちろんそこを狙っていくべきだと思うが、「平成」と同じやり方ではそれは果たせないということは本書で何度も書いてきた。「平成」は個人を重視するのではなく、こちらのやり方に選手が合わせるよう一方通行の指導をしてきたし、まずは「チーム作り」という意識があったように思う。

しかし**「令和」の駒澤大学は自主性や個性を尊重していくやり方になっていくだろう。**まず「個人ありき」と言ったら言いすぎかもしれないが、感覚的にはそれに近い。箱根駅伝を学生の間の最大の目標とすることはこれまで通りだが、未来のある選手たちにとってそれは人生のなかの通過点でもある。

その先にある大きな夢への過程で挑むという意識も重要だろう。

箱根駅伝の生みの親である金栗四三《かなくりしそう》氏は、この大会を、世界に通用するランナーを育てるための強化の場として作った。「箱根から世界へ」という金栗四三氏の言葉を私は実践していきたい。

同時にこの大会を競技面の最大の目標に置く選手も多く、そこにも真摯に向き合っていかなければならない。

となると選手の数だけ、目標が生まれ、ここに向き合うのは時間的にも労力的にも大変なことになるだろう。

しかし、私のあとを継ぐ指導者には、それを真正面から取り組んでほしいと思っている。

個人を伸ばし、その力を結集してより力を発揮するチームへ。そんなかたちを目指してほしい。

## 》個人を伸ばし、その力を結集できるチームへ

## 指導者の務めは選手の夢を叶え、夢を広げること

ここまで自分なりに自分の指導を振り返ってみた。まだ試行錯誤や最適な指導を探していく挑戦は続いており、それは指導者という役目を担っている以上、ずっと続いていくものではないかと考えているが、絶対にはずしてはならない、確実に押さえておくべきポイントはある。

**ひとつは選手たちの夢を全力で叶えてあげることだ。多くの選手が箱根駅伝を走ることを夢見て入部してくる。それを叶えるために選手それぞれが持つ長所を伸ばし、短所を改善していくしかない。**

できるかぎり、個人に向き合い、その選手に合った練習をしていくことになる。チームという単位で動き、練習もグループで行うことが多いものの、そのなかでもなるべく細分化していくようにきめ細かくやっていくしかない。

ただこれは方法の部分で、本質はもっと他にあると考えている。それは気持ちの面だ。箱根駅伝を目指すといっても実際に走れるのは、毎年10人しかいない。駒澤大学に入学しても半分以上の選手はその夢を果たせずに卒業していくことになる。これはどうにもならない。しかし4年間、彼らの目標に向かう姿を私がサポートし続け、鼓舞し、「自分はやれるだけやった」というところまで持っていくことが大切なのだと思う。

「自分はどうなりたいと考えているのか」

「そのためにはこの練習が必要だぞ。頑張ればきっとできるはずだ」

4年間、これをひたすら継続することが何より重要だと今は感じている。その結果、たとえ箱根駅伝のメンバーに入らなかったとしても、そこを走る仲間の努力を認め、心から応援できるのではないか。

ただ18歳で志した目標がすべてではないことも伝えていく必要があると感じている。箱根駅伝を目指し入部した選手でも、卒業後に国際舞台で日の丸をつけて活躍できる可能性を秘めた者もいる。そうした選手には学生での結果がすべてではなく、先を見据えて取り組む重要性も教えていく必要がある。

才能ある者が学生の4年間で燃え尽きては、日本陸上界にとって悲しむべきことであるし、何より非凡な才能を学生レベルでの活躍で留めてしまっては、本人にとっても不幸なこととなってしまうだろう。

スポーツの世界において世界に羽ばたける者は本当に一握りだ。その可能性がある選手にはぜひチャレンジしてほしい。これからもそうした気概をもった若者を育てていくつもりだ。

## 〉〉可能性のある者は世界へ挑戦を

*

もちろん選手によって目標はさまざまで、活躍できる場も競技面だけではない。

本書のなかでも説明した通り、マネージャーとしてその力を発揮した者もいるし、箱根駅伝を走ることはなくとも、卒業後、選手として、ビジネスマンとして活躍した者も多くいる。

競技の力を伸ばすだけでなく、己の力を知り、謙虚に周りのアドバイスを聞きながら、それを伸ばす努力をし、そして共に生活する仲間を尊敬して、そこからも学ぶ。そうした経験のサポートをするのも指導者としての仕事だ。

結局のところ、**日々、真剣に選手一人ひとりの思いに向き合うことが指導のすべて**ではないだろうか。

**強いチームとは強い個人の集合体である。そのうえでチームとしての目標を立て、そこに全員で向かっていくことが尊いのだと思う。それぞれの個性で仲間同士助け合い、頼るのではなく、高め合うことで気持ちをひとつに戦っていくのだ。**

**チームのために選手がいるのではなく、選手を育て、チームにし、選手に得がたい経験をさせることで未来につなげていくのだ。**

**≫ 日々、真剣に選手と向き合っていく**

## 選手たちが自ら3冠を勝ち取った大学3大駅伝

2022年、駒澤大学陸上競技部の選手たちはこれまでとは違った。4年生が春から「今年度は3冠を達成しよう！」と言い始めたのである。「**今年はやるんだ、やれるんだ」という選手たちの強い意志**が感じられた。

10月の出雲駅伝、11月の全日本大学駅伝、1月の箱根駅伝の3つが「大学3大駅伝」と言われているのは、ご存じの方も多いだろう。1シーズンでこの3つをすべて制するのは並大抵のことではない。過去にも年度3冠を達成した大学は数えるほどしかない。

今回はむしろ**私が選手たちに鼓舞された**ように思う。選手たちが3冠を獲りに行きたいというのに、指揮官である私もその気にならないとダメだなと思ったくらいだ。

**彼らが自発的に勝ちたいと思うようになった**のはなぜか。どうやら「監督も年齢が年齢だけに、引退が近づいてきている。監督がまだ成し得たことのない3冠をプレゼントしてあげよう」と思ってくれたらしい。それは今までの指導歴で初めて聞く言葉だった。

今の選手たちは私に対して、厳しいだけの指導者というイメージはあまり持っていないのではないかと思う。昔に比べて、選手たちとの距離感は確実に近いものになっている。今も私が厳しいだけの監督であったなら、選手たちから3冠を狙おうという気持ちが芽生えなかったかもしれない。**私が変わったことで、選手たちも変わったのだ。**

**「今年は自分がレギュラーになるんだ」という選手同士の切磋琢磨もあった。**しのぎを削る練習であふれていった活気。1年生から4年生まで、学年ごとにエース格がいて、エース格に近づこうとみんなが頑張った。学年で一人しかレギュラーになれないとき、学年ミーティングで「なぜ他の選手は上がってこられないのか、上がっていかないとだめなんじゃないか」と**選手同士が話し合い、少しずつレベルが上がっていった。**

おかげで2022年度は出雲駅伝、全日本大学駅伝、箱根駅伝のすべてをチームが良い雰囲気で戦うことができ、優勝を手にできた。選手の層が厚く、エースもいて、個々のレベルが高かったというのもあるが、**気持ちの面でのレベルが例年より高かった**ように思う。

## ≫ チームの雰囲気を良くし、盛り上げていく

＊

勝利を求める選手たちを見ていて、改めて気づかされたことがある。それは、**諦めない気持ちの大切さ**だ。

駒澤大学には全国から強い選手が集まってくるから強くて当然、と思われるかもしれないが、必ずしもそうではない。駅伝をやりたい高校生にとって、魅力的に映る大学は他にもあり、はじめから優秀な者ばかりが入部してくるわけではないからだ。

駒澤大学には今、エース級の選手がいるが、彼らも最初から抜きんでていたのではない。一般入試で入ってきた選手もいる。苦労を重ねて4年目でようやく結果を出せた選手もいる。みんなコツコツと努力してきたのだ。そういう**彼らの諦めない気持ちが「駒澤大学陸上競技部をもう一度強くしよう」と、私の心に火をつけさせてくれた。**

こういった素晴らしい選手たちに恵まれ、ここまで指導を続けてくることができた。監督冥利につきる。

優秀な選手に多く入部してもらいたいと思うことは事実だが、それ以上に私は育ててあげたいという気持ちが強い。ただ単に駅伝で勝つために良い選手を取ってこようという考えだったら、良い出会いもないのではないだろうか。**良い指導をして育てようという思いがあるからこそ、可能性のある選手と出会えるというものだ。**これからの夢は日本を代表するような選手、世界に通用するような選手を育てることだ。箱根駅伝で勝って選手たちを世界へ導こうというのは、私が指導者になって以来、ずっと思ってきたことである。

2023年1月、箱根駅伝で優勝を果たし、3冠を達成することができた。私たちの持てる力をすべてぶつけることができた。**選手たち自らが狙いにいき、勝ち取った3冠である。**みんなよく頑張ってくれた。

私はよく、指導する選手のことを、愛情を込めて「子ども」と言っている。大学4年間という限られた期間ではあるが、共に過ごし、成長を見せてくれる子どもたち。私の指導のもと、寮で過ごした日々は貴重で、特別な時間だったと言われたことがある。

そんな彼らを私は誇りに思う。**子どもたちの進む道はさまざまだが、駒澤大学陸上競技部にいて得たことは、必ず今後にいきてくるはずだ。**ここで指導してきた彼らの将来を、私はとても楽しみにしている。

## ≫ 良い指導は良い結果を生み、良い出会いにつながる

# おわりに

ここまで思いつくままに書き綴ってきたが、改めて「選手を伸ばすには心を育てていくしかない」と感じている。

何事に取り組むにしても同じだと思うが、成功のために一番大切なのは情熱であり、「上を目指したい、そのためにもっと自分自身が成長したい」という向上心を持っているかどうかが、成功を左右するのではないだろうか。

それがあれば、人から言われて行動するのではなく、自分から積極的に学んでいくことができる。そんな選手を育てるには指導者が広い世界を見せ、高い目標を共有し、それが実現可能だというところを示していかなければならない。

「姿《すがた》即《すなわち》心《こころ》、心《こころ》即《すなわち》姿《すがた》」

これは駒澤大学硬式野球部で長く監督を務められた名将、太田《おおた》誠《まこと》氏（現・駒澤大学硬式野球部終身名誉監督）の言葉である。プロ野球選手を多く育てた太田氏も、やはり心の重要性を説いていた。目に見えない心は目に見える行動となって表れてくる。だからこそ行動を問いただすのではなく、心の部分を育てていかないと意味がないのだ。

それにはひたすら選手たちと向き合い、心を通わせていくしかない。私が最も嫌うのは困難から逃げてしまったり、うまくいかないことを人のせいにしてしまうことなのだが、そうなってしまう選手にも「逃げてはダメだ」と言い続け、ときには突き放し、ときに寄り添いながら付き合っていく。ここに近道はないし、魔法のように一瞬で変わらせる方法はないと思っている。

私が指導者になりたいと志した中学生の時代から間もなく50年が経とうとしている。冒頭で記した通り、すんなりと大学に進み、企業に入り、そして指導者になったわけではなく、随分と遠回りをしてきたし、指導者になってからも決して最短距離を歩んできたのではなく、いまだに初めてのことが多くある。多くの日本代表選手が育ってくれたものの、オリンピックのマラソン代表を送り出したのは、本文中で記した通り、２０２１年に行われた東京五輪の中村匠吾が初めてであり、そこでも多くのことを学ぶことができた。

だが、遠回りをしてきたからこそ人よりも多くの経験ができたし、そうした回り道の経験が指導者になってから役に立った場面も多い。そして遠回りしたために、非常に多くの人と会うことができたのが何よりの私の財産だ。

私たちの駒澤大学は曹洞宗の大学で、その曹洞宗の開祖である道元《どうげん》禅師の「我逢人《がほうじん》」（我れ人に逢うなり）という言葉がある。

やはり人と人との出会いからすべては生まれる。選手との出会いはまさにそうだ。その一期一会を大切にしていかなければならないと思っている。駒澤大学陸上競技部には毎年、約10名の選手が入部してくるが、彼らすべてを「4年後、本人がここに来て良かったと納得するかたちで卒業させよう」と考えている。実際、すべての選手にそう思わせるのはなかなか難しいのだが、必ず目指さなければならないと思っている。彼らとの出会いが私の指導者人生を作り上げてきたのだ。そして、幸いなことに今も多くの卒業生が私を支えてくれている。年間を通し、日本中に散らばったOBから寮に食材の差し入れが届く。本当にありがたいことだ。

人との出会いがあり、影響を受け、学ばせてもらった指導者人生だと感じている。そして私自身がまだ道半ばであり、学ぶ姿勢を持ちながらこれからも歩んでいきたい。才能ある若者と出会える陸上指導者という職業についていることに感謝し、情熱を注ぎ、命をかけて本気で指導に打ち込む。最近、私は「百里を行く者は九十を半ばとす」という言葉を常に意識している。何事も終わりに近づくほどに物事は困難になるため、気を緩めるなという戒めである。だが同時に私には「世界への挑戦」という見果てぬ夢もある。本書執筆中に世界選手権のためにアメリカ、オレゴン州に足を運び、世界のトップ選手と田澤が戦う姿を見てきた。そこで感じた興奮は何物にも代えがたく、まだこれからも夢を追い続けていきたい。

本書は青春出版社の編集者である樋口博人氏からお声がけいただき、企画がスタートした。また普段、あまり文章を書くことがない私の伴走者として、スポーツライターの加藤康博氏にアドバイスをいただきながら執筆を進めた。ここに記して感謝を申し上げたい。

そしてこの本を手に取っていただいた、すべての方へ。最後まで読んでいただき、ありがとうございました。

2023年1月

駒澤大学陸上競技部監督　大八木弘明

## 著者紹介

**大八木弘明**　1958年（昭和33年）7月30日生まれ。福島県出身。中学時代から陸上を始め、会津工業高校卒業後に実業団の小森印刷（現・小森コーポレーション）に就職。24歳で駒澤大学の夜間部に入学し、箱根駅伝は3度出場した。大学卒業後は、実業団のヤクルトを経て、1995年4月から駒澤大学陸上競技部コーチに。2004年4月から監督を務める。2023年1月の箱根駅伝で優勝を果たし、出雲駅伝、全日本大学駅伝と合わせ、史上5校目の3冠を達成。2023年3月をもって監督を勇退。コーチ時代も含めて「大学3大駅伝」で通算27回優勝に導いた。本書はこれまで培ってきた指導方法をまとめたものである。


駒澤大学陸上競技部《こまざわだいがくりくじょうきょうぎぶ》から世界《せかい》へ羽《は》ばたく

必《かなら》ずできる、もっとできる。

2023年２月10日　第１刷

著　者　大《おお》八《や》木《ぎ》弘《ひろ》明《あき》

発行者　小澤源太郎

責任編集　株式会社 プライム涌光

電話　編集部　03(3203)2850

発行所　株式会社 青春出版社

東京都新宿区若松町12番１号 〒162-0056

振替番号　00190-7-98602

電話　営業部　03(3207)1916

印　刷　中央精版印刷　　製　本　フォーネット社

万一、落丁、乱丁がありました節は、お取りかえします。

ISBN978-4-413-23292-0 C0034